21世紀
×
アメリカ小説
×
翻訳演習

藤井 光
Hikaru Fujii

研究社

Copyright © 2019 by Hikaru Fujii

21世紀×アメリカ小説×翻訳演習

PRINTED IN JAPAN

まえがき

文芸翻訳コンテストの講師役をやってみませんか——『通訳翻訳WEB』の編集の松山悠達さんからそう声をかけていただいたことが、すべての始まりでした。それから1年間、合計12回（2016年12月から2017年11月まで［現代文学翻訳コンテスト］）にわたって、21世紀のアメリカ文学を中心とする英語の現代小説から課題を決め、応募者のみなさんにいただいた文章に応える形で講評を書くという時間を過ごしました。そのときの文章に加筆・修正を加えて本にしたのが、この『21世紀×アメリカ小説×翻訳演習』です。

　大型書店に行けば、翻訳の技法を解説する本はかなりの数がありますし、文芸翻訳も例外ではありません。その分野の解説として、本書はわりあい基本的なポイントをなるだけ丁寧に押さえることを目的としています。文章全体のトーンをどう設定すればいいのか、単語やイメージの選択はどうあるべきか、語順はどこまで尊重されるべきか、比喩や仕草の表現はどう訳すのがしっくりくるのか。原文と対話しながら、そうした大小の判断を積み重ねながら、文芸翻訳は物語を日本語で作り上げていきます。

　文芸翻訳では、到達すべき「正解」が初めから見えているわけではありません。原文の特徴をなるだけうまく伝えられるような翻訳という最終案にたどり着くまで、さまざまな選択肢と対話しながら進んでいくことになります。その道筋を詳しく記述し、どの道を取るべきかの判断についてはその基準をできるだけ明確に示すことを、本書では心がけました。

　もうひとつの特徴は、扱う課題が2010年代に発表された短編小説である

ことです。どの作品も、僕は自分の好みに従って面白いと思うものを選びました。連載のときには応募者のみなさんも面白がるコメントを寄せていただき、翻訳という技術だけでなく物語を一緒に楽しめている手応えがあって、毎回とても励まされました。どの物語にも、書き手やテーマに応じてそれぞれの文脈というものがありますから、それを考えることで、物語が書かれ、翻訳されている「今」という時代が見えてきます。そうした文章の外側につながる道筋も、本書では現在の僕に分かる範囲で取り上げています。

　自分がある物語を面白いと思う感覚はどこからくるのか。そこにはどのような背景があるのか。そうしたことを少し客観的に考えてみる作業は、どちらかといえば文学研究に近いものです。研究という営みは、翻訳の専門的な訓練を受けた経験のない僕にとっては欠かすことのできない要素です。英語の文学作品をじっくり読んで、そこに書かれていることの意味、物語を生み出す社会や思想の背景などを自分なりに考えて、論文という形にまとめることは、「ことば」に顕微鏡と望遠鏡を同時に向けるようなものです。そして、それは僕にとっては最良の訓練でした。翻訳の技術を磨くという面だけでなく、言語表現そのものの奥深さや、物語をめぐってさまざまな議論が交わされる研究という場を、面白いかもしれないと思ってくれる読者の方がいれば、これほど嬉しいことはありません。

　ウェブ連載は「コンテスト」形式で行われていました。僕が決めた課題に応募をいただき、最優秀訳文や準最優秀訳文という形でひとつかふたつの応募文を選んで掲載していました。書籍化にあたっては、連載時に「最優秀」としていた箇所は、出版の実績をお持ちの翻訳者の方々に改めて訳を作っていただきました（「演習」という形式上、本文中では「学生訳」としてありますが、どうぞお許しください）。ただし、連載時の応募訳から、僕が書籍でも取り上げたいと希望し、翻訳された方に連絡がついて掲載の許可をいただいたものについては、引き続き本書に再登場していただいています。それぞれ、ご協力いただいた訳者の方々にお礼申し上げます。

　連載時にはユウコ・サカタの短編「こちら側で」（"On This Side"）を課

題として取り上げました。英語で書かれた日本人の人間模様をどう日本語に移し替えるか、とても面白い回ではありましたが、2019年に入って、僕がその作品を翻訳して文芸誌『すばる』に載せてもらえることになり、作者の坂田さんとやりとりをして翻訳の原稿をお渡しし、訳文についての最終判断をしていただきました。そうした経緯もあり、講師役として「僕がこう訳しました」とモデルを示すのもおこがましいと思い、この回については本書には収録していません。

　12回のウェブ連載は最初から最後まで楽しい時間でした。そして、書籍にするにあたってそれを追体験するという楽しみもありました。連載時に応募してくださったみなさんに改めて感謝いたします。そして、それを講師役の僕が面白がることができたのは、当時編集を担当してくださっていた松山さんの細やかなサポートがあったからです。この場を借りてお礼申し上げます。

　第III部の文章は、『DISCO Vol. 2』に掲載された、岩本正恵さんのご訳業に捧げる文章に大幅に加筆したものです。その際に執筆の機会をいただいた編集者の宮田文久さんにも感謝いたします。

　書籍化に際しては、研究社の金子靖さんにご尽力いただきました。企画案の作成から原稿のやりとりに際してはさまざまにアドバイスをいただき、刊行前には関係各所への連絡も含めた細部の詰めにいたるまで、何かと遅れがちな僕をいつも力強く引っ張っていただきました。スケジュール通りに刊行できる運びになったのは、金子さんのご尽力あってのことです。どうもありがとうございました。

　そもそも、2016年の秋にウェブ連載を始める前、毎月の出題と講評はちょっと大変かもしれないな……と僕には迷う気持ちもありました。それを、「とてもいいことだと思う。やってみなよ」と後押しをしてくれた妻に感謝します。妻と娘（と、連載中に我が家に加わった柴犬）に、愛と感謝の気持ちをこめて、本書を捧げたいと思います。

2019年4月　京都にて

藤井　光

目　次

まえがき　*003*

I　基本編　*009*

1　原文の語順をどこまで尊重するか
カレン・E・ベンダー　「猫が言ったこと」(2015)　*010*

2　「目」の語りと「耳」の語り
ローレン・グロフ　「眼の壁」(2011)　*022*

3　語りの視点と異文化への視線
**ケリー・ルース　「佐々木ハナに尻尾が生える3つの筋書き」
(2016)**　*035*

4　比喩・仕草・会話の訳し方
ニコール・ハルートゥニアン　「生きること」(2015)　*050*

5　音や記号の情報
レベッカ・マカーイ　「赤を背景とした恋人たち」(2015)　*067*

II 応用編 085

1 「いかにもアメリカ的なスモールタウンの風景を訳す」
マイケル・シズニージュウスキー 「ヒーローたちが町にやって
きた」(2015) *086*

2 比喩表現をどう訳すか
レスリー・ンネカ・アリマー 「戦争の思い出話」(2017) *099*

3 イメージとテーマを訳語にどう反映させるか
アンソニー・ドーア 「深み」(2011) *120*

4 冗長さと簡潔さ、語りの出し入れ
アダム・エールリック・サックス 「ある死体のための協奏曲」
(2016) *140*

5 単語と文法という基本に立ち返る
アメリア・グレイ 「遺産」(2015) *157*

III 岩本正恵さんとの、後からの対話
──21世紀のアメリカ小説をめぐって *173*

出典一覧 *195*

I

基本編

1

原文の語順をどこまで尊重するか

カレン・E・ベンダー
「猫が言ったこと」（2015）

　第1章の課題は猫の話です。アメリカ人作家のカレン・E・ベンダーによる「猫が言ったこと」（"What the Cat Said"）で、彼女の短編集『返金』（*Refund*, 2015）の最後を飾る掌編です。

　2015年に出版された『返金』は、じわじわと評判を呼び、その年の全米図書賞の最終候補作となりました（受賞作はアダム・ジョンソンの『フォーチュン・スマイルズ』*Fortune Smiles*）。とはいえ、僕は人から教えてもらって初めて彼女の作品を読みました。教えてくれたのは、カレン・E・ベンダーの夫ロバート・アンソニー・シーゲルです。別のところで書いた原稿でシーゲルの短編を取り上げたところ、お礼代わりにと、パートナーであるカレンが出版したばかりの『返金』を送ってくれたのでした。

　ベンダーと聞いてピンと来た人もいるかもしれませんが、同じく作家のエイミー・ベンダー（最新作『レモンケーキの独特なさびしさ』など）とカレン・E・ベンダーは姉妹です。といっても、エイミーは非現実的な設定を得意とするのに対し、カレンはもっとリアリスティックな作品を志向しているという違いははっきりしています。たとえば『返金』の表題作となっている短編は、2001年の同時多発テロを背景としています。芸術家としてぎりぎりの生活に追われている夫婦が、世界貿易センタービルに近いトライベッカにある自分たちのアパートを又貸ししたところ、同時多発テロが起きてしまい、そこを借りていた女性がEメールで返金を要求してきて、

しかもその要求額がどんどん高くなっていく……という展開から、ひょんなことから生と死が分かれたときの「償い」とは何か、という問いが浮かび上がる物語です。

その3年後に刊行された第2短編集『新しい配置』(*The New Order,* 2018) でも、銃の乱射事件や性的な嫌がらせなど、アメリカ合衆国の「今」を背景として人々の喜怒哀楽を照らし出そうとするベンダーの姿勢は変わっていません。

そうした作風にしては珍しく、「猫が言ったこと」はふっと現実を飛び越える設定が面白味を醸し出しています。

舞台となる土地と時代は明かされませんが、21世紀のアメリカ某所で、主人公の女性が夫とふたりの子どもと暮らしている家が舞台です。特に裕福でも貧しくもない、中流家庭といった雰囲気です。

その日、息子は友達の家に誘われるも約束をキャンセルされて、おもちゃを飼い猫に壊された妹ともども、夜に家を出て行こうとしますが、その試みはあっさりと挫折します。荷造りでバッグに入れるのが、宝物にしているデレク・ジーターのサイン入り野球カードというのがなんとも微笑ましい設定になっています。ちなみに、アメリカ人男性の野球カードへの思い入れの強さは、その男性の「子どもっぽさ」や「夢見がち」な性格を示す仕掛けとして、映画などにもしばしば利用されます。

ささやかな喜怒哀楽やわがままを目の当たりにして、主人公の女性は寝付けないまま、ふたりの子どもの将来に思いを馳せつつ、夫とのちょっとしたすれ違いに悩んでいます。そこまでは、家族ドラマでよくある光景だといえるでしょうか。すると突然、部屋にいた猫がひと言だけ喋るのです。"I love you." と。

猫が喋った？　そのひと言は、どんな思いで、誰に対して発せられたのか？　その一瞬の非現実性が、夫婦や家族をめぐる現実を照らし出す、そんな物語になっています。

この作品は、一家のドラマを順番に追うのではなく、中心となる「猫が喋った」という出来事からスタートして、徐々にその背景が明かされていく構成になっています。その冒頭の部分を取り上げてみましょう。

I

基本編

It was two in the morning when the cat spoke. It was raining again, great pale thunderclouds moving like ships through the sky. The bedroom flashed with white light. The children, earlier that evening, had tried, for the first time, to run away.

Now the cat was pacing the room. He was full of anguish. We were all trying to sleep. That was, in itself, a joke. No one slept very deeply, ever. Our boy was up the most. "My blanket fell off," he said. "It's hot." He stood by the bed. "I need only to find my Yankee card." He paused. "Now."

He did not want to leave the day even after it had left him. It was a touching sentiment, though, for us, tiring. It was the gray hour of the morning when nothing seemed alive, the hazy moment before the march through our lives started again, before the sun was up and the dreary race continued, to eat, to be educated, to fill the wallet.

"I love you," the cat said.

The words sounded almost choked, as though the cat had been holding this in a long time.

I thought my husband has said it, or our son. The cat looked at me. The room whitened with lightning, then went black again.

■1. 翻訳の際のポイント

　課題文の翻訳をするにあたってのポイントを、僕なりにいくつかご紹介したいと思います。

　まず文章全体について確認しておきたいのは、口語的表現が少なく、主人公の心情が前に押し出されることもない、淡々とした語り口だということです。「ですます」調ほど丁寧ではなく、とはいえ一人称ですから「〜である」とまで堅くはならない範囲になるでしょうか。ことさらに漢字が多

いとかひらがなが多いといった特徴もない、シンプルな語り口が合うのではないか、と僕は思っています。

■2.　出だしの文章をどう訳すか

"It was two in the morning when the cat spoke." これが出だしの一文です。It ... when ～の構文を使うことで、"two in the morning" という情報を一回り際立たせている仕掛けになっています。英語では強調したい情報が文の前のほうに来ますが、日本語では逆に、強調する語句は文の後ろに出てくる傾向があります。訳文の順番としては、「猫が喋った」→「午前2時だった」とするのがよさそうです。

　次に、"spoke" をどう訳せばいいでしょうか。連載時にみなさんから出していただいた案でも、「口を開いた」か「喋った」か「言葉を発した」か「口をきいた」か、表現は分かれました。最初の文なので、"spoke" がどこまでの情報を含むのかはまだ未確定ですが、"speak" は「声を出す」以上に、意味のある言葉を発するというニュアンスを含んでいるので、「喋った」か「口をきいた」あたりが近いように思います。

■3.　時間の表現をどう処理するか

　第1段落の最後の文 "The children, earlier that evening, had tried, for the first time, to run away." は、深夜という設定からもう少し時を遡り、数時間前の出来事を語っています。それがゆえに過去完了の時制が使われているのですが、さてこれはどう訳したものでしょうか。
「〜していた」という形で過去のさらに前だと示すという手もあります。あるいは、"earlier that evening" という情報がしっかりと示されていれば、過去形でも、深夜からさらに前だと分かってもらえそうです。ここでは、後者のほうが比較的自然な日本語になるでしょうか。
　とはいえ、"evening" とは何時ごろかという問題も残っています。冒頭の1文でも、午前2時が "two in the morning" と書かれていましたが、

日本語ではその時刻は「深夜」であって「朝」とは言いませんよね。このあたり、1日の時間帯をどう区切るのか、文化間で微妙にずれが生じる場面です。同じことが、"evening" と "night" の区別にもあります。日本語では日が落ちて暗くなれば「夜」ですが、午後9時になっても、英語では "evening" を使うことがよくあります。はっきりとした基準があるのかどうか僕は知りませんが、だいたい、日没〜食事〜その後の団欒までは "evening"、寝る時刻になれば "night" となると思われます。ここではあまり時刻を限定してしまわず、「夜」あるいは「暗くなってから」とかが無難なところでしょうか。

　この文は非常にコンマが多いですが、英語では挿入句が複数あるのは珍しくはなく、自然な文章の範囲内ですので、訳文でも「、」を多用する必要はなく、あくまで日本語としてのなめらかさを優先していい箇所です。

■4．短い文の連続をどう訳すか

　第2段落は、短い文が続いていきます。"Now the cat was pacing the room. He was full of anguish. We were all trying to sleep. That was, in itself, a joke. No one slept very deeply, ever." 一般的に、英語の小説では、段落始めの文は比較的長くなりますし、日本語では段落の最初は短めの文が好まれます。ここまで短い文が連続するのは、異例とまではいきませんが、ちょっと珍しいケースです。ややぶつ切りの印象を英語でも与える箇所ですから、日本語でもそれにならって、ふたつの文を1文につなぐなどの工夫をあえてする必要はないと思われます。

　それにしても、猫の代名詞が "he" ですからオスだと分かりますが、これも訳しづらいところです。「彼」と訳してくれた方もいました。ただ、日本語の彼・彼女はやはり人を指すという色彩が濃いので、それを使わないとすると、① 性別は明示しない、②「雄猫」としてみる、のどちらかでしょうか。後で猫が喋る言葉を、語り手の女性は夫か息子の言葉かと思うわけですから、性別は示しておいたほうが良さそうです。となると後者になるでしょうか。

"We were all trying to sleep. That was, in itself, a joke." も訳しづらい表現です。文脈では、眠ろうとはしていたが、眠れるわけがなかった、という意味だと思われるので、「そんなの無理」というニュアンスが伝わればベストです。この箇所については、「無理な話だった」、「馬鹿げたことだった」、「笑い話だ」、「できっこない」など、実にいい案がみなさんから寄せられました。

"No one slept very deeply, ever." という文は、ちょっと解釈が分かれそうです。普通に考えれば、子どもたちが家出しかけたわけで、その晩は本人たち＝興奮気味、両親＝気持ちが落ち着かずに寝付きが悪い、という意味になりそうです。ただ、それだと "No one could sleep deeply." でもいいわけで、原文が単純な過去形であるうえに "ever" までついているわけですから、その晩だけのことではなさそうです。となると、家族はそれぞれに何か悩み事があって、ふだんからなかなかぐっすりとは眠れない、という事情が仄めかされているようです。後になれば、子どもたちは学校で人間関係がうまくいっていない、あるいは親は仕事がそれほど好きではない、ということがなんとなく分かる表現が出てきます。それを踏まえるなら、「誰も深く眠れたためしはなかった」といった訳になるでしょうか。

■ 5.　英語特有の表現をどう日本語にするか

　この作品には、いかにも英語らしい表現が頻出します。特に面白いのは、"He did not want to leave the day even after it had left him." という文です。分かるような、でも分からないような……という箇所で、連載時のみなさんの訳文もかなり多様でした。

　直訳するなら「1日が息子の元を去った後でも、彼は1日を去りたくないと思っている」です（翻訳としてはひどい出来ですが）。意味を優先するなら、「もう1日は終わったのに、息子はまだ余韻に浸っている」などでしょうか。英語の構文をそのまま日本語に移すわけにはいかないですが、文の前半と後半で同じ動詞を使い、似た形になっていることは活かしたい気がします。

■6. 語順をどこまで尊重し、どこまで変えるか

　続く箇所も難物です（難しいところばかりですみません）。"It was the gray hour of the morning when nothing seemed alive, the hazy moment before the march through our lives started again, before the sun was up and the dreary race continued, to eat, to be educated, to fill the wallet." ですが、ここで重要になるのは、語順をどうするのか、という点です。日本語に訳すときにまず思いつく形としては、「～する前の・・・という時間だった」という形でしょうか。その形にすると、原文の語順を変えて訳すことになります。

　ですが、僕はこの箇所ではあまり語順を変えないほうがいいと思っています。なぜかといえば、「時間の経過」という要素が含まれているからです。深夜という今→夜が明ければ始まる生活、という順番は崩さず、つまりは英語が提示する情報の順にのっとって訳していくほうが分かりやすい訳文になります。

　その際には、原文では "before" とあるところをひと工夫、ということになります。英語では "A before B" という形で、A→B という時間の流れを示せますが、そこに「～の前」という日本語を使うと、「B の前の A」となり、時系列が逆になるからです。ここで「前」ではなく、「後」を示す日本語を使うと、「A の後には B」となって、時間の流れをそのままの形で保つことができます。具体的な形としては、「この瞬間を過ぎれば～」などの形でしょうか。1 文でずっと続けていくにはやや難しい箇所でもあるので、この文に関しては、複数の文に分けてもいいと思います。

　少し比喩的な表現の多い文ですが、"the march through our lives" も "the dreary race" も、日常生活の「歩み」のことを指していると思われます。また朝になれば、朝ごはんを食べて、子どもは学校に行き、自分たちは仕事に行かねばならない、そんな日常が待っている、けれども嫌だという思いが込められた 1 文です。それも踏まえれば、文末の "to eat, to be educated, to fill the wallet" は、「～するため」というよりも「～するという」の意味により近いでしょう。

■ 7. "I love you." の訳し方

　さて、こうして家族をめぐる状況がひと通り示された後で、改めて猫の
セリフが紹介されます。"I love you."これをどう訳すべきか、みなさんか
ら様々な案が出ていました。「愛している」「君を愛してる」「大好きだよ」
「アイラブユー」「アイシテル」「みんにゃー、大好き」など。たった三単語
で、ここまで違いが出てくるわけですから、やっぱり翻訳は面白いですね。
　最初は夫か息子の言葉だと思った、と主人公は言うわけですから、男性
のセリフでも違和感のない言葉にするというのが第一条件でしょう。「大好
き」はやや幼さがある（と僕は思っている）ので、「愛してる」あたりで
しょうか。さらに、"you"が誰を指しているのか、という点については、
語り手の女性かもしれないし、家族みんなかもしれません。英語の"you"
は単数も複数もありますので、どちらかの可能性を閉ざしてしまわないよ
うに、シンプルに「愛してる」だけがよさそうです。ちなみに、動物によ
る発話ですから「アイシテル」とカタカナ表記にするという案に、僕も賛
成です。

■ 8. いただいた質問について

　連載時にいくつか質問もいただいたので、せっかくですから、ポイント
解説ではカバーしきれないものをご紹介して、回答を試みたいと思います。

> 洋書を読んでいると、"He said", "She said"などが、セリフの合間に出
> てくることが日本人の書いた日本の小説よりも多い気がするのですが、
> 気のせいでしょうか？（中略）この、ひとりのセリフの合間に出てくる
> He said の訳を、日本語として不自然なく読ませるコツはありますでしょ
> うか？

　これはご指摘の通りです。実際に、英語の小説では"he said"なり"she
said"なり、かなり多く使われます。ひとつには、会話文での性別の違いが、

日本語では「〜だよ」か「〜よ」というように語尾を中心として文字に現れますが、英語では文字に違いとしては大きく出てこないことが多いですから、会話文のセリフが誰の発話なのか示す必要が生じてくるのだと思います。

ですので、日本語に訳す際は、カットしても構わないケースが多く出てきます。ひとつの発言の途中で "he said" が挟まれているときも、それをカットして前後のセリフをつないでも OK なことは多々あります。ただし、" 'I need only to find my Yankee card.' He paused. 'Now.' " という箇所では実際にいったん間を置いているので、ここは原文通りに訳す必要があると思います。

猫の部分が語り手の視点とうまく合わせられないのですが、語り手が感じたように訳してはダメでしょうか。

"He was full of anguish." の箇所のことかと拝察いたします。僕もここは語り手の揺れる心理が猫に投影されていると思うので、「〜のようだった」という訳し方でいいんじゃないかと考えています。

疑問が出てきたとき、どうやって確認されますか？　作者に直接問い合わせたりなさるのでしょうか？

どうしても意味が確定できない箇所や、原文の間違いではないか（人名がおかしいなど）と思われる箇所があれば、作者に問い合わせるということはします。とはいえ、それは1冊の本で2, 3箇所程度でしょうか。

逆に、作家のほうから「あれはどう日本語に訳したの？」と訊かれるということもあります。たとえばサルバドール・プラセンシアの『紙の民』を訳しているとき、ライターの阿久根佐和子さんと写真家の大森克己さんとご一緒してロサンゼルスに行って、作家本人と会う機会がありました。失恋男の傷心ストーリーが移民と戦争と宇宙と絡むという、壮大なのかみみっちいのかよく分からない、それがゆえに素晴らしい小説なのですが、そのなかに、語り手の男性が、かつての恋人に対して、"You're bee's knees." と呼びかける言葉が出てきます。文字通りには「君は蜂の膝だよ」で意味不明なのですが、"bee's knees" には「最高のもの」という意味があります。不思議な言い回しだということでプラセンシア本人も記憶していたらしく、"You're bee's knees." のところってどう翻訳したの？と訊ねられました。僕もそこは2日ほど悩んだ挙句、「君は最高だよ。君がいなくなって、泣きっ面に蜂なんだ」と翻訳していました。日本語にも「蜂」を使った言い回しがあるから、と答えると、妙に納得してもらえたようでした。

　ともあれ、文芸翻訳では「解釈の余地をなるだけ広く残しておく」ということが大事だ、と僕は以前に聞いたことがあって、できるだけその努力をしています。逆に、鴻巣友季子さんとイベントでご一緒したときには、「解釈しないと翻訳はできない」とおっしゃっていたのが記憶に残っていて、そちらも間違いなく真実です。翻訳は、数ある意味の候補のなかからひとつを選択するほかないのですから。自分で解釈しつつも、読み手にさらなる解釈の広がりを残すというのも、翻訳者の仕事になるのだろうと思います。家族がどういった心理状態にあるか、猫は何を意味しているのか、そのあたりを推測しつつも、訳文が結論を下すことのないように……やっぱり難しいですね。精進します。

■ 9.　学生訳

　それでは学生訳を以下に掲載します。この訳はここまで書いてきたようなポイントもさることながら、①意味の取り違えが少なく、②シンプルな言葉で、原文の雰囲気をうまく活かしていると思います。

【平野久美さんの訳文】

> 　猫がしゃべったのは午前2時だった。雨がまた降っていて、青白く巨大なかみなり雲が、船団のように空を流れていた。寝室が白い光でぱっと照らされた。子どもたちは、その晩早くに、初めて家出を試みていた。

そのとき猫は、部屋を歩き回っていた。ひどく落ち込んだ様子だった。私たちはみんな、眠ろうとがんばっていた。それ自体、馬鹿げたことだった。誰も決して深く眠ってはいなかった。なかでも息子は一番気持ちが高ぶってしまっていた。「毛布が落ちちゃったよ」と言ってきた。「暑い」息子はベッドの脇に立った。「ヤンキースのカードを探したい」少し間があった。「今すぐ」

一日が去ってしまったというのに、息子はまだその日にしがみついていた。気持ちを動かされないではなかったが、こちらには負担になった。活動しているものが何もないように感じられる、夜中の灰色の時間だった。そのぼんやりとした時間のあとには、私たちの生活の流れが再び始まり、太陽がのぼり、食事をしたり、学校へ行ったり、財布を満たしたりという、うっとうしい競争が続いていくのだった。

「アイシテル」猫は言った。

この言葉は、長い間猫に抱きかかえられていたかのように、つぶれて聞こえた。

夫がこれを言ったのかと思った。あるいは息子が。猫は私を見た。部屋は稲妻で白くなり、そしてまた真っ暗になった。

原文の語順をあまり崩すことなく、表現のイメージを正確に伝えることができていますから、もはや僕があれこれ言う必要のない文章に近づいていく予感があります。

■ 10. 藤井による訳例

最後に、僕がつけてみた訳文を載せてみます。

猫がしゃべったのは、午前2時のことだった。また雨になっていて、白く大きな雷雲が船団のように空を漂っていた。寝室に白い閃光が走った。暗くなったころに子どもたちが初めて家出しようとした、そんな日だった。

我が家の雄猫は部屋を歩き回っていた。いかにも不安そうな感じだ。

家族そろって眠ろうとしていたが、それは無理な相談だった。誰も、深く眠れたためしはなかった。中でも目が冴えていたのは息子だった。「毛布が落ちたんだ」と息子は言った。「暑いよ」息子はベッドのそばに立っていた。「ヤンキースのカードがあればいいんだけど」ちょっと間があった。「今すぐ」

　1日はもう終わったのに、息子はまだ終わってほしくないと思っているのだ。その気持ちはよく分かるが、親のほうはぐったりしてしまう。すべてが灰色で死んだように思える、深夜のことだった。霞がかったようなこの時刻を過ぎれば、私たちの人生の歩みがまた始まる。太陽が上がり、食べ、授業を受け、財布を満たすという陰鬱なレースが続いていく。

「アイシテル」と猫は言った。

　喉がつかえたようなその言葉は、ずっと心の内でこらえてきたかのようだった。

　夫が言ったのだと私は思った。それとも息子か。猫は私を見つめた。部屋は稲妻でまばゆく光り、すぐにまた暗くなった。

　余談ではありますが、かくいう僕は猫と暮らしたことがなく、目下は柴犬に振り回される日々です。犬好きといえば、ポール・オースターやスティーヴン・キングが代表的な作家です。変わったペットとしては、カタツムリに異常に執着したパトリシア・ハイスミスや、クジャクを飼っていたフラナリー・オコナーといった作家たちもいます。

　それに比べても、作家や芸術家のなかで猫好きは非常に多いように思えます。アーシュラ・K・ル゠グウィンは猫の物語を書いていますし、エドワード・ゴーリーも猫好きとして知られています。僕と縁のある作家でいえば、ダニエル・アラルコンも猫とのツーショットを公開しています。家のなかで過ごす時間が長いとか、他者とそれなりの距離感を保って生活するとかいった気性が共通しているのかも、というのが僕の推測ですが、はたして真相はどうなんでしょうか。

「目」の語りと「耳」の語り

ローレン・グロフ
「眼の壁」(2011)

　本章で取り上げる作品は「眼の壁」("Eyewall") という短編で、作者はアメリカ人小説家ローレン・グロフ (Lauren Groff) です。グロフといえば、村上春樹が翻訳したアンソロジー『恋しくて』(2013) に、短編「L・デバードとアリエット——愛の物語」が収録されているほか、2015年には長編小説『運命と怒り』(*Fates and Furies*) が刊行されています。
「眼の壁」は 2011 年に発表され、2012 年には O・ヘンリー賞に選ばれるという栄誉に輝きました。その後、2018 年についに発表されたグロフの短編集『フロリダ』(*Florida*) に収録され、こちらの短編集は同年の全米図書賞の最終候補になっています。タイトルが示す通り、グロフが住むフロリダという土地を中心として、荒れた住宅地から無人島に置き去りにされた小さな姉妹まで、さまざまな人間模様を語る作品です。21 世紀のアメリカ小説では、カレン・ラッセルの『スワンプランディア!』(*Swamplandia!*, 2011) やローラ・ヴァンデンバーグの『アイル・オブ・ユース』(*The Isle of Youth*, 2013) と並んで、文学におけるフロリダ州のイメージを知るには絶好の 1 冊と言っていいでしょう。
　この短編のタイトルになっている "eyewall" という語は、台風の目の周囲で壁のようになっている雲のことを指します。タイトルが示すように、この物語は強烈なハリケーンが到来したフロリダ州の田舎にある一軒家を

舞台にしています。語り手となる主人公は40代の女性で、有名な詩人だっ
たかなり年上の夫を亡くしてからは、家に独り暮らしをしています。

　ハリケーンに襲われて、主人公はニワトリを助けようとしますが、ニワ
トリのほうは家の下に潜んだまま出てきてくれません。仕方なく家のなか
に戻り、隣人からの避難勧告も無視したままビンテージワインを飲んで過
ごしていると、死んだ夫の亡霊（若い女のもとに走った直後に心臓発作で
死んだ男ですが）が訪ねてきます。しばらく和やかに話をすると、夫の亡
霊はすっと消えてしまい、続いて、自殺した大学時代の恋人の亡霊が、今
度は泥だらけの姿で現れます。そしてその恋人がまた姿を消すと、今度は
彼女の父親の亡霊が……という調子で、嵐が収まるまでに、彼女は3人の
男（の亡霊）と再会し、しばらく言葉を交わしていきます。

　つまるところ、この作品は幽霊譚なのですが、亡霊たちの描写にもおど
ろおどろしさはなく、彼らを迎える主人公の女性にも、恨みがましい様子
はなく、どこかこざっぱりとした物語の展開が心地よい、そんな作品です。

　ここでは、ふたり目の亡霊、大学時代の恋人が現れる場面を訳してみる
ことにしましょう。文章は次の通りです。

My best laying hen was scraped from under the house and
slid in a horrifying diagonal across the window. For a moment,
we were eye to lizardy eye. I took a breath. The glass fogged,
and when it cleared, my hen had blown away. Then the top
layer of the lake seemed to rise in one great sheet and crush
itself against the house. When the wind swept the water into
the road, my garden became a pit in which a gar twisted and
a baby alligator dug furiously into the mud. From behind the
battered blueberries, a nightmare creature of mud stood and
leaned against the wind. It showed itself to be a man only
moments before the wind picked him up and slammed him into
the door. I didn't think before I ran and heaved it open so that
the man tumbled in. I was blown off my feet, and had to clutch

the doorknob to keep from flying. The wind seized a flowerpot and smashed it through the microwave. The man crawled and helped me push the door until at last it closed and the storm was banished, howling to find itself outside again.

The man was mudstruck, naked, laughing. A gold curl emerged from the filth of his head, and I wiped his face with the hem of my dress until I saw that he was my college boyfriend. I sat down on the floor beside him, scrabbling the dirt from him with my fingernails until I could make him out in his entirety.

Oh! he shouted when he could speak. He'd always been a jovial boy, garrulous and loving. He clutched my face between his hands and said, You're old! You're old! You should wear the bottom of your trousers rolled.

■1．語り口調をどう設定するか

　課題文のポイントとしては、まずは全体の語り口調をどうするのか、という点が挙げられるでしょうか。連載時に寄せられたみなさんの訳文でも、やや劇的なもの、コミカルなリズムのものなど、面白い工夫がされていました。

　女性が語り手であるわけですが、どちらかといえば自分の目の前に起きているハリケーン襲来という出来事を「観察」しているようなトーンが中心になります。

　これが月並みな映画であれば、主人公の恐怖の表情をクローズアップして、叫び声を上げて家のなかを逃げ惑う演出もして……となりそうですが、作者グロフの選んだ語りは、むしろ出来事を映すカメラのような冷静さを保ちつつ、ところどころに感情がのぞく、そんな口調のようです。ですので、訳文はわりあい淡々とした雰囲気を保っていくほうが合うのではないかと思います。

　擬音語を使うべきか、使うならどこまで使うべきか、という点も、これに関連してきます。何しろ暴風あり、大量に流れてくる湖の水あり、家の

なかでも壊されてしまう品あり、という状況なので、これまた映画であれば、効果音満載の場面です。みなさんからも、風が「ヒューヒュー」あるいは「ゴーゴー」と吹き、植木鉢が「ガシャーン」と砕ける、といった音の表現を採用している訳がいくつか寄せられています。

とはいえ、この文章は、「耳」よりは「目」に重点が置かれていると考えられます。湖の水が家にぶつかってくるかというときも、泥男が家にたどり着くときも、彼女が目撃する視覚的情報のほうがはるかに多く書かれているので、音が前面に出ないほうがいいかと思います。

淡々とした語り口調でもありますから、カタカナで擬音語を採用すると、それがかえって目立ってしまいます。ですので、カタカナの擬音語はなるだけ使用を控えて間接的に表現する、というのが僕の提案です。それによって、泥男改め大学時代の恋人が、"Oh!" ですとか "You're old!" と発言するときに、周囲の騒音よりも、その言葉がより際立つように読者には感じられる、という効果も期待できるかもしれません。

「視覚的」という要素は、課題文全体のカギでもあります。ニワトリから始まって各種の動物の様子、泥男まで、嵐の描写がさまざまな形で続いていきますから、構文も含めたそれらの表現をどう日本語に移し変えるのか、いろんな工夫がありえます。以下、いくつかの場面を見ていきましょう。

My best laying hen was scraped from under the house and slid in a horrifying diagonal across the window. For a moment, we were eye to lizardy eye.

まずは、"best laying hen" ですが、"laying" は "lay eggs" のことを指しています。一番たくさん卵を産んでくれる雌鶏は、床下に避難していたのですが、風によって外に引きずり出されてしまいました。ここでは "dragged" ではなく、わざわざ "scraped" という単語が使われていますから、手を伸ばしてきた風に「かき出された」などの表現が合うかもしれません（電子レンジのくだりでも、風がなかば擬人化されて植木鉢を「つかむ」という表現になっています）。

Ⅰ

基本編

　普通であれば、窓の外で対角線を描くようにして何かが動くときは、上から下へ、という方向になるものです。落ち葉や舞う雪なんかを思い浮かべていただけたら分かりやすいでしょうか。この場面では強風に煽られたニワトリが床下から飛ばされているので、"horrifying" は下から上へ、という「ありえなさ」が生む恐ろしい印象を表していると考えられます。

　最後の "we were eye to lizardy eye" は、とても面白い表現ですね。通常であれば "we were eye to eye" で「私たちは目が合った」になりますが、ここでは相手がニワトリで、その目が "lizardy"、つまりはトカゲのようだと表現されています。確かに、クローズアップでニワトリの目元を見れば、トカゲっぽいかも……と、僕も近所の小学校にある鶏舎に行って確かめてきました。

　ということで、「目が合った」とするだけでなく、「私」の人間の目と、ニワトリの目を区別して訳す必要があります。寄せられた訳文のなかからいくつか挙げます。

・その爬虫類のような目が私の目と合った。
・トカゲみたいなその目と視線が合った。

　ちなみに、ニワトリを飼っておられる人から、「鶏には、爬虫類っぽい目のタイプと、我が家の子たちのように、黒目がちで子犬のような目のタイプ、双方がおります」というご指摘をいただきました。ひと言でニワトリといっても、種類によって描写に差が出そうですね。

Then the top layer of the lake seemed to rise in one great sheet and crush itself against the house.

　ここは「イメージはできるのに、言葉にするのは難しい」という代表例のような箇所でしょうか。それにしても、湖から水が迫ってくる場面を、こうやって言葉にできる作家は本当にすごいな、と僕も舌を巻きます。このあたりの描写力を含めて、グロフの文章には "poetry" があるとおっ

しゃっている応募者の方もおられました。

　先に構文を押さえておきますと、"seemed to" つまりは「〜に思えた」「〜のように見えた」という表現が、"rise" と "crush" のふたつの動詞にかかっています。あくまで「〜のように」ですから、湖からの波が一気に押し寄せてきても、家そのものには直撃しておらず、家を直撃しそうに思えたという「勢い」を表していることになります（実際に家にぶつかったのなら "crushed" になるはずです）。

　その波の様子を表すのが "rise in one great sheet" なのですが……難しいですね。そもそも "sheet" はどう表現すればいいでしょうか？　日本語で言えば「シーツ」や「布」も、「1枚の紙」も、木や金属の「板」も指す単語だけに、頭の痛いところです。そこから選ぶとすれば、水のような流線の形を取りうる「布」が近いようにも思えます。みなさんの訳文からいくつか紹介しますと、以下のような案が出されています。

・湖の水面は大きな1枚のシートになって上昇し、

・湖の表層は、せり上がると巨大な1枚のシートになって、

・湖の表面がまるで1枚の布のように盛り上がったかと思うと、

　ここに挙げたもの以外でも、みなさん非常に気を遣って丁寧に訳されていました。

　もうひとつの選択肢として、ある程度思い切って意訳してみるという手もあります。その場合は、「湖の表面がふわりと持ち上がり」となるのかな、と思いつきました。ただし、これだとちょっと迫力不足かもしれません。

From behind the battered blueberries, a nightmare creature of mud stood and leaned against the wind.

　いよいよ、真打ち登場というくだりです。どれだけの数のブルーベリーが植わっているのかというヒントは文中にありませんが、複数であることと、家庭菜園らしいということを考え合わせるなら、「茂み」くらいが妥当

027

でしょうか。ちなみに、僕の家で育てているブルーベリーは全然元気がなくて、茂みというより、数本突っ立っている茎に葉っぱがちらほらついているという状態で数年間生き延びていますが……。

そこに現れる "a nightmare creature of mud" をどう訳すかは、これまた多彩な訳が寄せられました。「泥まみれの不気味な生き物」「泥の怪物」「恐ろしい泥の化け物」「この世のものとは思えぬ泥人形のようなもの」などです。

まずは "creature" のニュアンスですが、この語は「生き物」と同時に、"monster" とほぼ同じ意味で用いられることが多く、たとえば『フランケンシュタイン』で作り出された怪物は "creature" と呼ばれることがよくあります。泥に覆われていて、最初は正体不明ですので、そのニュアンスを優先するなら「化け物」「怪物」あたりでしょうか。形容詞として登場する "nightmare" は、端的に「悪夢のような」ということですが、僕は光景を考えてもうひと捻りして、「得体の知れない」としてみました。

次に "leaned against the wind" という動作は、マンガなどで見るような、強風の際に歩こうとするとき、前のほうに体を傾ける姿勢を指していると考えられます。そうすると、「もたれる」は後ろ方向に体が傾くというニュアンスも含みますから、「風に向かって体をかがめる」あたりでしょうか。

■ 2.　出来事や動作の順番を崩さずに訳す

前章の課題文と同じく、この文章でも、複数の出来事や動作が時系列の順番に描写されるという場面がいくつか出てきました。ここでも鉄則としては「動作の順番を崩さずに前から訳していく」というポリシーで解説をしてみます。

It showed itself to be a man only moments before the wind picked him up and slammed him into the door. I didn't think before I ran and heaved it open so that the man tumbled in.

①泥の化け物が「男性」だと分かった（"man" は「人間」か「男」か、という質問をいただきましたが、同じ文の後半で "him" と性別を特定していますから、「男性」という意味だと思われます）→②風にさらわれる、という順番ですので、そのふたつをつなぐ "only moments before" を、そのまま「〜の直前に」「〜のすぐ前に」とするのではなく、「〜の直後」や「〜と思ったのもつかのま」などの表現にすると、原文の出来事の順番を崩さずに訳すことができます。

"I didn't think before I ran" は、これまた訳し方がいろいろ分かれました。

- わたしは考えるよりも先に走り出し、
- 私は思わず走って
- 衝動的に私は走って
- 考える暇もなく私は駆け寄り

どれがいいかを話し合うだけで1時間くらいはかかりそうですね（それが翻訳を持ち寄る醍醐味でもあります）。僕は「思わず」という表現を選んでいます。

I wiped his face with the hem of my dress until I saw that he was my college boyfriend.

このすぐ後にも、同じ形で "until" を含む文が出てきます。ここも、①彼の顔を拭ってあげた→②大学時代の恋人だと分かった、という順番は崩すべきではありませんから、"until" は、「〜するまで」とするよりも、「Aをしていると、そのうちBになった」という形で、「そのうち」「やがて」という表現がうまくはまる箇所だと思います。

ちょっとした名詞ではありますが、"dress" は「ワンピース」のほうが近いかと思います。日本語で「ドレス」というとよそ行きの華やかな印象がありますが、ここでの語り手は自分の家にいて、特に着飾る場面でもありませんので、「ワンピース」のほうが文脈には合うことになります。

Ⅰ

基本編

■ 3. "Oh!" をどう訳すか

　さて、その元カレの第一声は "Oh!" です。僕が苦手なだけかもしれませんが、これまた訳しにくいひと言ですね。"Wow!" とか "Jesus!" ならまだしも、"Oh!" はちょっと悩んでしまいます。みなさんの訳を拝見したところでは、「おお！」が一番多く、「ああ！」や「やあ！」「うわっ！」「なんと！」といった案をいただいています。

　ちなみに、"oh" の翻訳で僕の記憶に一番残っているのは、『赤毛のアン』村岡花子訳です。アンがよく口にする "Oh Marilla" は、確か「おおマリラ」と訳されていたと思います。意味としては「あら」でもいいかもしれませんが、日常のささいな出来事の一つひとつを真剣に、時に深刻に受け止めるアンのキャラクターが、「おお」によってよく伝わってきます。

　でも、グロフの作品に出てくる陽気な元カレの場合は、久しぶりに再会した主人公が老けていることに対する驚きを表していますから、「おお」だとちょっとずれてしまうかもしれません。若くてお調子者のようなキャラクターの男性が、ちょっと驚いたという感情を拾うとすれば「うわ」かなという気がします。「うわ！」だとネガティヴな感情を含んでしまうかもしれませんから、「うわぁ」あたりにすれば、ちょっとだけしみじみした雰囲気にできるかなと思います。

■ 4. 詩の引用と翻訳者の介入

　最後の最後、"Your're old! Your're old! You should wear the bottom of your trousers rolled." は、何人かの方からご指摘いただいたように、T・S・エリオットの詩「J・アルフレッド・プルーフロックの恋歌」の一節 "I grow old... I grow old... ／ I shall wear the bottoms of my trousers rolled." の引用です。僕も最初はまったく気がつきませんでしたので、みなさんの知識にはひれ伏す思いです。英語の読者がすぐにエリオットだと気づくかというと、これもちょっと怪しいですね。

　この引用がどういった働きをしているのかについては、二通りの可能性

があるかと思います。ひとつは、学生時代にふたりの恋人が、一緒に受けていた授業などでお互いに知っていた詩であること。だから再会したときに、昔を懐かしむ合図のようにして口にされるのかもしれません。もうひとつは、詩のテーマがグロフの短編とどこかで繋がっているなど、その詩を使うこと自体にもう少し深い意味が込められている可能性です。どちらにしても、せっかくの引用ですから、翻訳者がちょっとだけ介入して、エリオットの詩とある程度表現を揃えると同時に、詩人の名前を出すくらいはいいかと思います。

　英語圏の作品では、会話に聖書や古典のフレーズが引用されてくることがよくあります。たいていの場合は、文章の流れからすると表現や口調が少しずれているので、それがシグナルとしての引用であることが分かるようになっています。

■ 5.　質問に関して

> 国によって、学校の呼び方や通う年数が違うとき、和訳するときは『ミドルスクールの 1 年生』といったように、相手の国の学校システムそのままに訳すのでしょうか？　また、日本の読者に分かりやすいように『小学 5 年生の年齢』などと訳注を付けるのでしょうか？

　僕のこれまでの経験では、学校の何年生であるかという "grade" の情報が作品にとって重要であるケースは、それほど多くありません。例外としては、15 歳なのにまだ "sixth grade" である、と書かれている作品の場合、本人が落第を繰り返していることになるので、勉強では「落ちこぼれ」気味であることが、兵役に志願する遠因として挙げられている、というケースはあり、その場合は学年が大事な要素になります。とはいえ、アメリカの映画や文学の物語においては、日本のように学年によって形成される先輩後輩の関係よりも同学年のなかでの人間関係が重要視される傾向があるかもしれません。むしろ、学年という数字よりは、それが示す年齢、あるいは人間としての成熟度に力点が置かれていることが多くあります。その

Ⅰ
基本編

場合は、「中学2年生」あるいは「高校1年生」など、日本での年齢や学年に置き換えるほうが伝わりやすいことがままあります。

■6. 学生訳

それでは学生訳を紹介します。ここまで挙げたポイントや、光景や動作の描写の正確さに優れていますし、加えてエリオットの詩に言及があるという点も入念なリサーチのあとがうかがえます。

【池本尚美さんの訳文】

わたしの自慢のめんどりは、家の下から押し出されると、窓の向こうを恐ろしいほど急な角度ですっ飛んでいった。一瞬、そのトカゲのような目とわたしの目が合った。ほうっと息をつく。窓ガラスが曇り、やがて曇りが晴れたころには、吹き飛ばされためんどりの姿はどこにもなかった。湖の表面が1枚の大きな板となって隆起し、家を押しつぶさんばかりだった。風が水を道路のほうへ押し流したとき、庭の地面が一部分だけあらわになり、身をくねらせている1匹のガーと猛烈な勢いで泥を掘っている1頭のアリゲーターの子どもが見えた。ひしゃげたブルーベリーの低木の後ろに、この世のものとは思えぬ泥人形のようなものが立ち、風に煽られている。どうやら人間の男であるとわかった瞬間、男は風にすくい上げられ、ドアに叩きつけられた。わたしは考えるより先に走り出し、男が中へ転がりこめるようドアノブを引いた。足を風に持っていかれ、吹き飛ばされないようドアノブをしっかりとつかんだ。風に飛ばされてきた植木鉢が電子レンジに当たって砕け散る。男が這って中へ入り、一緒にドアを押してくれると、ようやくドアが閉まった。外へ追い払われたことに気づいた嵐は、再び外で吠え狂った。

男は泥まみれで、素っ裸で、笑っていた。金色の巻き毛が泥のすき間からのぞいている。服の袖で顔を拭ってやっているとき、男が誰だ

か気づいた。大学時代のボーイフレンドだった。そばに腰を下ろし、爪で泥をこそぎ落としているうちに、だんだん、本来の姿が現れ出てきた。

　ああ！　と、彼は口がきけるようになったとたん声をあげた。もともと陽気で、おしゃべりで、愛情に満ちた青年だった。彼は両手でわたしの顔をぎゅっと挟むと、Ｔ．Ｓ．エリオットの詩をもじってこう言った。きみは歳を重ねていく！　歳を重ねていく！　折り返しのあるズボンを履くべきだったのに。

■ 7.　藤井による訳例

それでは、僕の訳文を挙げます。

　一番よく卵を産んでくれる雌鶏が、家の下からかき出され、ありえない角度ですべりながら、窓の外を斜めに突っ切っていく。ほんの一瞬、私の目と、その鶏のトカゲのような目が合った。私は息を吐いた。ガラスが曇り、また見えるようになったときには、雌鶏はどこかへ飛ばされていた。すると、湖の表面がふわりと持ち上がり、家めがけて叩きつけてくるように思えた。風でその水が道路に寄せられると、家の庭は窪地になっていて、ガーが体をよじり、ワニの子どもが必死に泥のなかに潜り込もうとしていた。ひしゃげてしまったブルーベリーの茂みの後ろから、得体の知れない泥の化け物が立ち上がり、風に向かって体をかがめた。それが男性だと分かった次の瞬間、彼は風に体をさらわれて扉に叩きつけられた。私が思わず駆け寄り、体重をかけて扉を開けると、彼は家のなかに転がり込んだ。私は両足をすくわれ、扉の取っ手につかまってどうにか飛ばされずに済んだ。風がつかんで投げ飛ばした植木鉢が、電子レンジに突っ込んで粉々になった。その男は這いつくばって私を手伝い、ようやく扉は閉まった。嵐は追い出されてしまい、外で轟々と荒れ狂っていた。

　男は泥だらけで、裸で、笑っていた。汚れた頭から、巻き毛の金髪

がちらりとのぞいている。私がワンピースの袖でその顔を拭ってやると、大学時代の恋人が出てきた。私が彼のそばの床に腰を下ろし、爪で体中の泥をはがしていくと、そのうち、彼の全身があらわになった。

うわぁ。口がきけるようになると、彼はそう言った。いつも陽気で、お喋りで、愛情いっぱいの人だった。両手で私の顔をしっかり挟むと、もう齢だ！と言った。エリオットの詩のもじりだった。もう齢だなあ！ズボンの裾を折り曲げることにしたほうがいいよ。

　この短編では、フロリダを襲うハリケーンが過去の亡霊を呼び起こすきっかけになっていました。ハリケーンという自然災害は、21世紀のアメリカ文学においてさまざまな形で取り上げられるテーマです。特に、2005年にニューオーリンズを襲ったハリケーン「カトリーナ」は、社会格差が被害の大小に直結していることを見せつけたことで、大きな社会問題にもなりました。

　小説家のデイヴ・エガーズはシリアからの移民がカトリーナの被災直後にいわれなき罪で逮捕された事件を取り上げ、『ザイトゥーン』(*Zeitoun*, 2009) というノンフィクションの本を発表しました。フィクションでは、2011年にジェスミン・ウォードが発表した長編第2作『骨を拾う』(*Salvage the Bones*) が、ハリケーンに襲われる町でのアフリカ系アメリカ人一家のドラマを描き、全米図書賞を受賞しています（ウォードは2017年にも『歌え、葬られることなく、歌え』(*Sing, Unburied, Sing*) で全米図書賞を受賞しました）。アダム・ジョンソンの全米図書賞受賞作『フォーチュン・スマイルズ』(2015) にも、「名のないハリケーン」("Hurricanes Anonymous") という、ハリケーンの直後を舞台に、ある男性の人生の選択を描く短編が収録されています。災害は非日常的な出来事ではありますが、日常生活に潜んでいた何らかの「ひずみ」をむき出しにし、社会の現状を問うという形で物語を生むのかもしれません。

3

語りの視点と異文化への視線

ケリー・ルース
「佐々木ハナに尻尾が生える3つの筋書き」(2016)

　さて、何か動物つながりでいい作品はないかと考えてみた結果、ちょっと不思議なお話を課題にしてみました。作者はケリー・ルース (Kelly Luce)、2013年の短編集の表題作である、「佐々木ハナに尻尾が生える3つの筋書き」("Three Scenarios in Which Hana Sasaki Grows a Tail") からの抜粋です。

　ケリー・ルースはこの短編集でデビューした作家です。「佐々木ハナ」というタイトルでなんとなく察した方もおられるかもしれませんが、日本に数年間滞在していた経験のある作家です。短編はすべて、題材や設定に日本が選ばれていて、この作家にとっての日本経験の大きさが分かります。ちなみに、2016年に出た長編第1作『引き込んで』(*Pull Me Under*) も、やはり日本絡みの小説です。

　日本で暮らしたことのある作家としては、小泉八雲ことラフカディオ・ハーンを筆頭に、イギリス出身ですとアンジェラ・カーターやデイヴィッド・ミッチェルなどが知られています。最近ではミッチェルのように英語の教師として日本をはじめとするアジアで勤務して、その後作家として本格的に活動を始める、というケースが目立つようになりました。

　「佐々木ハナに尻尾が生える3つの筋書き」という短編は、文字通り、日

Ⅰ 基本編

本人の女性「佐々木ハナ」（あるいは、「ハナ・ササキ」、それとも「佐々木はな」あたりでしょうか）になぜかふさふさの尻尾が生える、という短い場面を3つ並べている作品です。そのひとつ目の場面の後半部分が、課題箇所です。主人公の女性は独身で、30歳の誕生日に独りで目覚めます。すると、尾てい骨付近にあったあざから、7〜8センチメートルくらいの尻尾が生えています（原因は一切不明です）。さて、彼女はどうするでしょうか？

She slides her palm beneath the tail and runs her thumb over the strands. Such softness, it's like a baby's rose-petal cheeks. The phone trills; her mother's nasal singsong tells the answering machine to keep a positive outlook; women far older than thirty are marrying nowadays.

Hana steps into the shower. It's too early to call a doctor, and though the tail feels odd, it's not exactly painful, and she can't justify the expense and time of an emergency room visit. Water rolls down her back and soaks the bundle. It is thin, dark gray when wet, and the hair at the base rises out slightly from her back before wilting and following the curve of her bottom. She hesitates, then dabs shampoo into her palm and brings both hands behind her back: lather, rinse – and, why not? – condition. She lets the conditioner sit for three minutes before rinsing with cold water. Cold water closes the hair shaft and makes for a silkier finish. Perhaps later she can braid it, dress it up with ribbon. She will care for it as only she can.

まずは、語りのトーンの設定について考える必要があります。連載時にみなさんからいただいた質問にもありますように、特に問題になるのは「時制」と「視点」のふたつになるだろうと思います。

■ 1.　現在形の語りを訳す

　まずは時制の問題から。課題文は、全体が現在形で書かれています（短編全体も現在形です）。連載時にみなさんの訳文を拝見したところですと、4割くらいの方が、それを過去形に直す形で翻訳をされていました。ちなみに、大学で授業をしていても、現在形の原文を過去形で訳すことを選ぶ学生さんたちはけっこういます。

　訳文で現在形を選択することに対する抵抗感は、2, 3年前までは僕もかなり強く持っていました。日本語では物語は過去形で語られるのが「自然」だという不文律のようなものがあり、現在形だと文章としてこなれていないような気がして仕方がなかったからです。

　ですが、現代に英語で書かれる小説は、かなりの数が現在形を選んでいます。もちろん、1980年代あたりから、短編小説では現在形を使用する動きがちらほら見られるのですが、2010年代に入ると、短編の半分は現在形で書かれているのではないかと思うほど、その数は増えてきています。

　現在形が使用される原因については、僕はまだ不勉強でよく知らないのですが、その効果についてはいくつか思い当たる節があります。ひときわ重要かなと思うのは、語られる物語が「すでに起きた」のではなく、「今、目の前で起きている」という効果です。前に置かれたスクリーンで映画のストーリーが進行しているようなものだ、といえるでしょうか。

　目の前で物語が動いている、その臨場感があれば、登場人物に対する感情移入も起きやすくなります。物語と読み手の距離を縮め、物語世界に飛び込んでもらうために、現在形という語りの時間が選ばれているのかもしれません。

　こうした流れのなかで、長編小説でも現在形を選ぶ作家は着実に増えてきています。僕が翻訳した小説では、アンソニー・ドーアの『すべての見えない光』（原著は2014年刊）は、全530ページのほぼすべてが現在形でした（ドーアは基本的に現在形で書く作家です）。あるいは、ジンバブエ出身の作家ノヴァイオレット・ブラワヨの『あたらしい名前』（*We Need New Names*, 2013）も、先ほど名前の挙がったデイヴィッド・ミッチェルが

2014 年に発表したファンタジー小説 *The Bone Clocks*（未訳なのがもったいない作品です）も、現在形で書かれた長編小説です。

そうなると、日本語への翻訳でも現在形を選ぶべきだと思います。少し違和感を覚えるという意見もいただいていますが、僕が『すべての見えない光』を訳したときの経験から言いますと、現在形で書いてあるものは現在形で訳していく、というルールで進めていくうちに、違和感はだんだんなくなっていきます。

ここに挙げた課題文くらいの短さですとそれほど目立ちませんが、長編になると気になるのが、日本語の現在形を選んだときの語尾の問題です。「言う」、「行く」、「座る」、「立つ」など、動詞のほとんどが「う」の段で終わる言語ですし、しかも、文の構造上、文末に動詞が来ることになります。そうなると、ほとんどの文が「う」段で終わるので、単調な文章に見えてしまうことは否めません。

ノヴァイオレット・ブラワヨの『あたらしい名前』を翻訳された谷崎由依さんの場合、会話の文末を「～と言う。」ではなく、「～とあたし。」とする、あるいは、be 動詞が使われている文章は「～だ。」とするなどして、単調さの罠から見事に抜け出しています。ほかにも、否定形であれば「～ない」が語尾になりますし、疑問文に近い形なら「～だろうか」、さらには体言止めという選択肢もあるわけですから、そうした手をうまく組み合わせれば、どうにも日本語として深みに欠けるという印象は避けることができそうです。

■ 2. 語りの視点

全体のトーンを決めるうえで、もうひとつ重要なのが、視点をどうするかという問題です。一見して、課題文は単純な三人称の文章であるように見えます。ところが、みなさんから鋭く指摘していただいたように、最後にかけて、" – and, why not? – "と挿入されている箇所は、尻尾の手入れをする主人公の思いをそのまま代弁している表現になります。たった三単語ではありますが、はっきりと一人称的な部分だといえます。

この"－ and, why not? －"自体の訳については、後で取り上げること
にしますが、まずは、このフレーズと前後の文がスムーズにつながるよう
な語りにしておく必要があるでしょう。となると、語り全体は、三人称を
基本としながらも、やや一人称に近づける、そんなイメージになるでしょ
うか。訳文では、人称を少なめにした文章がうまく合いそうです。この点
では、英語の文章は人称を要求しますが、日本語は人称の「出し入れ」が
可能ですから、柔軟な作業が可能だということになります。

それと、"Hana Sasaki"という主人公の名前に漢字をあてるべきかどう
かも、迷うところですね。「花」「華」「ハナ」「はな」などの選択肢があり
ますが、最初に挙げたように僕の案は「ハナ」です。日本人の話ではあり
ますが、あくまで英語作家が書いているという、文化的な距離感を、この
場合は保っておく必要があるかな、という気がするからです。あまりに日
本的にしすぎると、日本の話をアメリカ人作家が書いて、それが日本語に
翻訳されている、という「回り道」の面白さが減ってしまうかもしれませ
んから、少しばかりの不思議さは残しておくべきかと思います。とはいえ、
尻尾が生える時点でかなり不思議な話ではありますが……。

■ 3. 電話をめぐって

では、具体的に文章を見ていくことにしたいと思います。最初の段落か
らして、翻訳しがいのある表現には事欠きません。尻尾の「ふわふわ」し
た感じを、赤ちゃんのほっぺに喩えるところも面白いのですが、みなさん
の訳が大きく分かれたのは、主人公の母親から電話がかかってくる箇所で
す。

まず、この電話は固定電話だと思われます。①かかってきた電話にハナが
出ず、②そのまま留守番電話に接続され、③母親が残すメッセージの音声が
受信機から流れてくる、という流れでないと、この場面は成立しません。ひ
と昔前の映画やドラマではよく、うまくいかなくなった恋人同士のストー
リーで、留守電に「聞いてる?」と語りかける場面なんかがよく使われてい
ました。一方、携帯電話だと③がないケースが多くなってしまいます。

ここでは、電話の音が"trills"という動詞で表現されていますが、これは「トゥリル」という動詞の発音自体が一種の擬音語になっていることをうまく活用しています（もともとは鳥や虫の鳴き声を表すときに使う言葉です）。それを尊重するなら、「プルルと鳴る」など、音の要素を日本語でも足してあげていい場面かと思います。あまりやりすぎると、ちょっとうるさい字面になってしまいますが、全体にユーモラスな雰囲気が漂っていますから、擬音語が多少入っていても大丈夫そうです。

さて、肝心の母親の伝言は、どう翻訳すればいいでしょうか。伝言の内容は、① "keep a positive outlook" と、② "women far older than thirty are marrying nowadays" というふたつになります。特に①については、連載時のみなさんの訳はかなり多様でした。「前向きな態度を保とう」、「前向きに考えるのよ」、「気を落とさないで」、「将来を悲観しないようにと」、「あきらめちゃだめよ」などです。

この①と②の部分について、まず決めなければならないのは、地の文として訳すか、あるいは会話文のように訳すのか、ということです。英語の原文はあくまで、三人称の語りの一部として続いている箇所ですから、地の文として訳すことが自然に思えますが、語り全体を少し一人称に近づけるという判断をしている場合は、ハナが母親の言葉をその場で聞いているという雰囲気を出すために、話し言葉にして、ただし鉤括弧は使わずに翻訳するほうが、トーンを崩すことなく文章を作ることができます。

訳文の口調は一人称に少し近づけるというのが僕の提案でしたので、それに沿って考えると、① "keep a positive outlook" は、「あきらめちゃだめよ」、② "women far older than thirty are marrying nowadays" は、「いまどき、30をとっくに過ぎた女の人だって、どんどん結婚しているんだから」などになるでしょうか。

間接話法になっている箇所をどう訳すべきかについては、一律に正解が決まっているわけではありません。少し突き放したトーンにすべきか、やや親しみを込めたトーンにすべきか、英語の原文の雰囲気にも左右されますから、そのつど決めていくしかない、というのが（少なくとも僕の）実情です。トーンを変えていくつか訳を書いてみて、これがぴったりくると

いう言葉にたどり着く、それも僕にとっては翻訳という作業の楽しみのひとつです。

■ 4.　シャワールーム、緊急治療室

　段落が変わり、シャワーを浴びるシーンになります。"Hana steps into the shower." という、ごくシンプルな文ですが、「この部分のうまい訳し方がわかりません」という質問をいただきました。僕もまったく同感です。思い切り直訳すれば「彼女はシャワーに足を踏み入れる」なのですが、それだとちょっと意味がはっきりしません。足を踏み入れる先は、文脈上は「お風呂の洗い場」となります。ただ、「洗い場」にしてしまうと、お風呂に入るのかシャワーを浴びるだけか、曖昧になってしまいますから、「シャワー」という単語は残しておきたい。でも、海外と違って日本には「シャワールーム」、つまりはシャワー専用のスペースはあまり馴染みがない……。「バスルーム」はさすがに単語として定着した感がありますが、日米で文化が違えば、水回りの語彙も食い違っているので、なかなか難しいところです。

　この箇所は、みなさんの訳でも、「シャワーを浴びようと浴室に入る」、「シャワーを浴びる」、「シャワーの栓をひねった」、「シャワーを浴びにいく」など、ひと工夫した案が寄せられています。僕は、「シャワーを浴びることにする」にしてみました。

　続く "she can't justify the expense and time of an emergency room visit" の箇所は、日本語表現としての工夫のしどころです。「～を正当化できない」と直訳するとかなり硬くなってしまいますから、それをちょっと柔らかめに解きほぐすとすると、どんな表現がありうるでしょうか。

　連載時に寄せられたみなさんの訳文では、「～してもらうまでもない」、「～ももったいない」、「割に合うとは思えない」、「～するのもどうかと思う」など、さまざまあって、そうか、そういう表現の型も使えるな、と僕も勉強になりました。僕から一案を出すとすれば、「時間とお金をかけて救急外来に行くほどのことにも思えない」です。

I

基本編

ここで"emergency room"とあるのは、略せば"ER"、アメリカで人気ドラマにもなった緊急治療室のことです。とはいえ、今回のハナは日本で暮らす女性ですから、もうひと回り日本の設定になじみのある「救急外来」にしてみました。

■ 5. " – and, why not? – "

こうしてシャワーを浴び始めるハナ、いよいよ問題の" – and, why not? – "の場面がやってきます。尻尾とはいえ、自分の毛なわけですから、髪の毛と同じく、まずはシャンプーをして、それからコンディショナーもする、という展開です。僕はこの部分が物語のハイライトだと思っていますし、みなさんからも、この場面が面白かったというコメントをいくつかいただいて嬉しかったです。

とはいえ、" – and, why not? – "をいざ翻訳するとなると、浮かんでは消える案の数々、という感じになるでしょうか。以下、連載時のみなさんの訳からいくつかピックアップさせてもらいます。

・えーっと、もちろんトリートメントも。
・そして、うん、コンディショナーも。
・そしてもちろん、コンディショニング。
・（ダメってことないでしょ？）
・やっぱり、コンディショナーも？
・いけないってことないわよね？
・仕上げはもちろんコンディショナー。
・―せっかくだから―コンディショナーもつける。
・ここまでしたなら、コンディショナーもつけたほうがいい。
・ここまで来たらついでにコンディショナーも。

ここまでいろいろと出していただけるとは、僕も予想していませんでした。

原文でまず確認しておきたいのは、ダッシュ記号（—）が使用されてい

042

ることです。挿入句として、情報を付け足しておきたいときにごく一般的に使われる記号ではありますが、このような形で登場するときには、文章のなかで「間」を作り出すという役割も果たします。ずっと言葉が連ねられてきたところに、横線が入ってくることで、ちょっとだけ文章の流れに隙間が生じているわけです。その隙間があることで、①三人称から一人称に移行してハナの心境をよりビビッドに語ることができる、②少しハナが考えてからコンディショナーに手を伸ばすという時間的な間を表現できる、という工夫が可能になっています。

　日本語の訳文が、やや一人称の気配も混ざった訳文である場合は、①の側面はそれほど意識しなくてもいいのかもしれません。ただし、②の間合いという要素は残しておくべき箇所になります。

　とすると、やはりダッシュ記号を使うか、それ以外の方法で間を作るか、という点をまずは決めることになります。僕はかつて、訳文でも気軽にダッシュ記号を使っていたのですが、使うのはやや控えようと最近では考えていることもあり、今回、「……」で時間的な間を作ってみるという方向にしてみました。というのも、同じ記号でも、英語と日本語では伝わるものが違う、ということに、遅ればせながら気がつき、ダッシュで伝わるだろうと勝手に思い込んでいたニュアンスをきちんと言語化するのも大事かな、と思うようになったからです。

泡立てて、洗い落として……やっぱり、コンディショナーもしてしまおう。

　これが僕の案なのですが、うまくいっているでしょうか。

■ 6.　エンディング

　最後の1文 "She will care for it as only she can." をどう訳すかについても、同じくさまざまな案が出ています。まず、ここでの助動詞 "will" は、主語であるハナの意志を表すものと思われますから、「〜だろう」ではなく

「〜のつもりだ」という意味になります。あとは"as"の使い方ですが、ここは「〜のように」というオーソドックスな意味を踏まえて、「彼女だけができるように」あるいは「彼女だけができる方法で」というあたりが基本線になります。いくつか連載時の応募文からピックアップすると、こんな訳を出してもらっています。

・できるだけ手入れをしようと彼女は思った。
・ほかの誰にもできないやり方で手入れしていこう。
・ともかくハナだけのやり方で、しっぽを可愛がることだろう。
・自分だけのやり方で、手入れしよう。

「自分」というのはいいアイディアだな、と僕も思います。「私」と「彼女」の中間くらいの使い方ができますから、三人称から一人称にうまくつながるように訳文を作りたい場合には、うまくはまってくれそうです。

■ 7. 質問に関して

　質問をいくつかいただきました。視点や時制のことについては、大まかにはカバーできましたから、触れられなかった点について、今考えられる範囲でお答えさせていただきます。

> wilting and following は同時のことと思われましたので、目的語のある following 以下を先に訳しましたが、それでよろしいのでしょうか?

　僕なら順番に訳すことを選びます。それが正解かどうかは心もとないですが、この場面で "the hair at the base rises out slightly from her back before wilting and following the curve of her bottom." という文章は、毛が水を含んでいって重くなり、やがて体に沿うような形になる、という時間の流れも含んでいるように見えますので、「ぴんと立つ」→「しなだれる」→「お尻にぴったりつく」という順は、そのまま尊重した方がいいだ

ろうと思います。

> **"and" でつながって長い文になっている場合、句点で区切って訳す、あるいは、逆に、ピリオドで終わっている文を次の文とつなげて訳してもよろしいのでしょうか？**

　似た質問を、ほかの方からも頂戴しています。僕は「切ったりつなげたりしてもいい」派です。明治の翻訳家になると、二葉亭四迷がツルゲーネフを翻訳した際に、原文と翻訳で句読点を完璧に一致させようとした、なんていうエピソードもあるのですが、現在のところは、原文と翻訳の文の長さは別物、という姿勢のほうが一般的なようです。村上春樹の翻訳などが代表例でしょうか。文の長短が作るリズムが、ふたつの言語ではそれぞれ違うことで、結果としては同じ「雰囲気」の文章になる、という考え方だと思いますし、僕も基本的にはそれにならっています。

> **"She will care for it as only she can." というエンディングの "will" は、未来の予測という意味で使われているという可能性はないのでしょうか。意志の "will" という用法は特殊な場合にかぎられるのではないかと思うのですが。**

　僕自身は、"will" が意志を表すのが特殊なケースだと感じたことはあまりないのですが、それは文学作品の「語り」の英語に慣れているせいかもしれません。ここでは語りは三人称なわけですから、客観的な描写に徹しているのだという立場を取るなら、"will" は未来についての予測「〜だろう」というほうが近いように見えます。ただし、それまでの文章において、語りの声はハナの心情と混ざり合っているような、一人称的な色合いを帯びていますから、その流れで考えるなら、最後の "will" はハナの心境を代弁しているもの、と解釈するほうが語りのトーンを一貫したものにすることができます。

　語りの視点をどう設定するのか、という点は、作家にとっては非常に悩

ましい問題です。一人称で書くか三人称にするか、はたまた二人称にする
か、三人称にするなら登場人物との距離感をどう設定するのか……。僕の
知っている例ですと、短編集『奪い尽くされ、焼き尽くされ』でデビュー
したウェルズ・タワーは、短編を書いているときは内容は変えずに視点を
次々に変えて書き直し、ひとつの短編が完成するまでに半年かかることも
あるという作家です。あるいは、アメリカの作家ダニエル・アラルコンも、
『夜、僕らは輪になって歩く』の原稿を一人称の小説としてほぼ完成させた
後、「ストーリーは正しいが、視点が違う」と感じ、別の語り手を導入して
一から書き直した、と言っていました。翻訳者は、作家が数年間にわたっ
て試行錯誤した結果を預かるわけで、その責任はなかなか重いものがあり
ます。

> **"the hair at the base rises out slightly from her back before wilting and following the curve of her bottom." の部分の "back" は、「お尻」と考えるほうがいいでしょうか？　それとも原文に従って「背中」のほうがいいでしょうか？**

　僕も最初は「背中」と単純に思い込んでいましたが、ご指摘の通り「お
尻」のほうがいいですね。ここで問題になるのは、体の部位を言葉でどう
線引きするのかについて、英語と日本語がややずれていることです。たと
えばアメリカのスポーツ選手が故障で試合に出られないとき、原因とし
て "back pain" が挙げられることがあります。多くの場合、これは「背
中の痛み」ではなく「腰痛」です。もう少し丁寧な表記だと "lower back
pain" も目にしたことがありますが、英語では腰も "back" に含まれる
ケースがほとんどです。
　この手の身体部位問題は挙げればきりがありませんが、デニス・ジョン
ソンの短編「ドッペルゲンガー、ポルターガイスト」では、エルヴィス・
プレスリーの顔のつくりを説明していく文章に "jaw" と "chin" が別々に
出てきて、「これってどっちも顎じゃないのか？」と僕はフリーズしたこと
があります。前者を「顎まわり」、後者を「顎先」にするということで落ち

着きましたが、言語が違えば世界の切り取り方も違うわけで、この先も悩むことになりそうです。

■ 8. 学生訳

それでは、学生訳です。原文を尊重しつつ語りのトーンをうまく設定していて、なおかつ、日本語表現にもさりげない工夫が凝らされています。

【小俣鐘子さんの訳文】

するっとしっぽの下に手のひらを差し入れて、親指で房をなでる。こんなに柔らかいなんて、まるで、赤ちゃんのバラの花びらみたいなほっぺね。電話がさえずるように鳴る。留守電から流れる母の抑揚のない鼻声が、希望を捨てちゃだめという。近頃は、三十をとっくに過ぎた女も結婚しているんだから。

ハナはシャワーの下に立つ。病院に連絡するには早すぎるし、しっぽはへんな感じがするけれど、痛いわけでもないので、お金と時間を掛けてまで救急外来に行くべきとも思えない。湯が背中を流れ落ち、毛束にしみこむ。濡れたそれは細く濃い灰色をして、付け根の毛は背中から跳ね、くったりと尻の丸みに沿って垂れている。ちょっと迷ってから、ハナはシャンプーを手のひらに取って両手を背中に回す。泡で洗って、ゆすいで —— もちろん、コンディショニングもしたほうがいいよね。コンディショナーをつけて3分置いてから、冷たい水でゆすぐ。冷たい水は毛幹を引きしめて、絹のような仕上がりにしてくれる。あとで、毛を編んでリボンで飾ってもいいかもしれない。お手入れしてあげよう。わたしにしかできないやり方で。

047

■ 9. 藤井による訳例

Ⅰ
基本編

　それでは、恥ずかしながら僕の作った訳文です。学生訳のほうがいい出来だという気がしてなりませんが。

> 　彼女は尻尾の下に手のひらを回して、親指を毛の上にすべらせる。ほんとうにふわふわしていて、赤ちゃんのピンク色の頬っぺたみたいだ。電話がプルルと鳴る。母親の単調な鼻声が、あきらめちゃだめよと留守番電話に言う。いまどき、三十をとっくに過ぎた女の人だってどんどん結婚しているんだから。
> 　ハナはシャワーを浴びることにする。まだ医者に電話するには早い時間だし、尻尾は変な感じだけど痛みがあるわけではない。それに、時間とお金をかけて救急外来に行くほどのことにも思えない。背中を水が伝い、毛の束を濡らす。濡れると細く、濃い灰色になり、根元の毛は少しだけ背中からぴんと立ってからしなだれて、お尻の曲線にぴったりとつく。彼女はためらい、それから手にシャンプーを塗ると両手を後ろに回す。泡立てて、洗い落として、そして……やっぱり、コンディショナーもしてしまおう。コンディショナーを３分染み込ませてから、冷たい水ですすぐ。冷水は毛幹を引き締めて、毛をつややかにしてくれる。あとで三つ編みにして、リボンで飾るのもいいかもしれない。自分にしかできない手入れをしていこう。

　ちなみに、この短編「佐々木ハナに尻尾が生える３つの筋書き」全体の拙訳は、雑誌『EYESCREAM』2017年12月号で読むことができます。

　なんとも不思議な物語世界ですが、日本人を主人公にして「リアルさ」を追求するよりも、作家から見たときの異国の舞台と人々がもつ、現実感との遊離をそのまま物語に持ち込んだ、という色合いが強いかもしれません。もっとも、デイヴィッド・ミッチェルくらい日本生活が長くなると、複数の日本人を語り手にした「ミスタードーナツによる主題の変奏」（『GRANTA JAPAN with 早稲田文学 01』所収）のように、それぞれの登

場人物の声を見事に物語に響かせてみせるというケースも出てきます。他者の内面に入り込むのも作家の才能のひとつだということになるでしょうか。

　もうひとつ、現代の英語文学で「日本」をめぐる動きとして興味深いのは、英語で創作する日系の作家たちが、戦時中の日本での出来事を物語にしようとする作品を発表するようになっていることです。特にアメリカでは、日系の英語作家といえば、まず取り組む主題は第二次世界大戦中の日系人強制収容という過去をどう受け止めるのか、という問題でした。ジョン・オカダやシンシア・カドハタ、ジュリー・オオツカといった作家たちの小説は、体験者はそれをどう物語にするか、日系三世など体験者の次の世代はその記憶をどう継承していくのか、という点を中心に据えて、それぞれ優れた小説を送り出しています。

　21世紀に入って、カール・タロウ・グリーンフェルドやアサコ・セリザワといった、日本生まれではあっても英語で執筆する作家たちが発表する短編では、戦時中の日本を舞台として、プロパガンダ作戦に従事する芸術家であったり、満州で731部隊に所属することになった男性といった登場人物たちの物語が作られていきます。生まれたときにはすでに終わっていたが、それでも自分たちが「ここにいる」こととは無縁ではない戦争について考えたいという思いと同時に、「日本」や「日本人」と自分たちの距離感をどこに設定するべきかという問いが、そうした創作には込められているのかもしれません。そうした試みを日本語読者と共有することもまた、翻訳者の仕事のひとつです。

比喩・仕草・会話の訳し方

ニコール・ハルートゥニアン
「生きること」(2015)

　第1章から、ちょっと不思議なテイストの作品が続きました。幻想風味の短編は現代アメリカ文学の大きな潮流として、2000年ごろから着実に存在感を増してきています。その背景にあるのはおそらく、「想像力」や「創造性」が非常に重視されるようになってきたという時代の流れがあります。実在する土地を舞台にして、いかにも現実に存在しそうな人物を作り上げ、日常の喜怒哀楽を丁寧に描き出すという作風から、書き手が想像力によって「自分だけの世界」をどう構築するか、という方向に関心が移りつつある、といえるでしょうか。それを長編小説としてまとめ上げるのは相当大変な仕事になりますが、短編なら、ふっと思いついたシュールなイメージや言葉から物語を立ち上げて、物語の細部に隙間があってもそのまま残しておく、ということが可能です。若手作家がこうした作風を選びがちなのは、基本的には自分のセンスで勝負できるという「入りやすさ」があるのかもしれません。

　とはいえ、アメリカ小説の書き手も読み手も、より現実味のある物語を通じてアメリカ人とアメリカの今を描く、という営みを大事にしてきたという、伝統的な流れは21世紀も健在です。たとえばエリザベス・ストラウトの『オリーヴ・キタリッジの生活』(*Olive Kitteridge*, 2008) はまさにそういった作風が凝縮された名作でした。

　そんなわけで、次はもうちょっとリアルな設定の作品に挑戦してみた

いと思います。取り上げるのはニコール・ハルートゥニアン（Nicole Haroutunian）という女性作家のデビュー短編集、『スピード・ドリーミング』（*Speed Dreaming*, 2015）の冒頭に収められている、「生きること」（"The Living"）という作品の中盤に登場する文章です。

　主人公になるのは、サブリナという若い女性です。なんらかの病で余命数か月と診断された彼女は、長年の憧れだったニューヨークでの生活を始めます。人生が終わる前に、貯金のすべてを使い果たして、素敵なアパートを借りて、恋もして……。

　事情は違うとはいえ、夢の舞台で生活してみたい、とニューヨークにやってくる若い女性という設定は、トルーマン・カポーティの『ティファニーで朝食を』のホリー・ゴライトリーとも共通しています。カポーティの作品からは半世紀以上も時が離れていますが、憧れの街としてのニューヨークの地位はいまだに安泰で、たとえばミュージシャンでは、テイラー・スウィフトがアルバム『1989』の冒頭で "Welcome to New York" と歌い、現代版ホリー・ゴライトリーを演じてみせました。ハルトゥーニアンの短編もその系譜に属する物語です。

　そうした主人公たちの特徴のひとつに、「いつまでもここにいられるわけではない」という、刹那的とも言える感覚を持って生きていることがあります。ハルトゥーニアンのサブリナも、まさにそんなひとりです。引っ越してきた翌日に、彼女はさっそくドレスを買うために店に足を踏み入れます。その店での一部始終が課題文です。

It was a jewel box of a boutique hung with only ten different dresses. If she were the size she was a year ago, none of them would have fit, but now she had her pick. The shopgirl zipped her into an off-white silk sheath with a slit down the middle of the back. "It's perfect," the girl said. "The color is gorgeous with your red hair. Is it for any particular occasion?"

　Sabrina smoothed her hands over her hips, felt their sharpness through the liquid fabric. "Yes," she said. Her nose tickled as if she were about to sneeze. "It's because I'm sick."

The girl smiled. "It's nice to get yourself a little pick-me-up when you're under the weather."

"I'm not under the weather," Sabrina said, searching for the right phrase. "More like *six feet* under." Her head was rushing, and she saw, looking down, the dress fluttering with the beating of her heart. The shopgirl's hands stopped fussing at her neckline.

"I'm so sorry," she said, folding her arms across her stomach. She was just as skinny as Sabrina, although she must have worked hard at it —spin class, salad dressing on the side.

"You really think the dress looks nice?" Sabrina asked, pulling cash from her wallet.

The shopgirl nodded, her eyes dancing around the room. "I'll wear it out."

　大きなポイントになるのは、僕が思うに３つあります。①比喩表現をどう訳すか、②登場人物の仕草をどう訳すのか、③会話のニュアンスをどう汲み取るのか、です。それぞれ、みなさんの訳例をピックアップしながら、僕なりに考えたことを解説したいと思います。

■ 1. 比喩表現をどう訳すのか

　冒頭から比喩表現がひょっこり出てくる文章です。"It was a jewel box of a boutique" の "of" は、この場合は前に出てくるものを比喩として「～のような」に近い意味で使われています。僕が知っている例ですと、"He was a giant of a man." といったような用法です。この場合、要するに「彼」という男性が「巨漢」であることを意味しているので、彼は "giant" のようだ、という比喩の一種です。

　描写されているのはブティック、それに使われている比喩は "jewel

box" となります。この比喩の意味するところは、①こぢんまりとした店である、②品物の揃え方が華やかに見える、といったあたりになります。とはいえ、比喩表現については、翻訳者はあまりに解説しすぎず、イメージだけを提示して、あとは読者に想像をめぐらせてもらうほうがいいと思います。ですから、「宝石箱のようなブティック」という意味が基本線になるでしょうか。多少凝ってみるなら、「ブティックという名の宝石箱」でもいいかもしれません。

　もうひとつ、会話のなかで登場する言い回し、"under the weather" と、"six feet under" も、面白い比喩表現です。これが僕にとっては最大の悩みどころで、みなさんからも、「ここが難しかった」というコメントを多数いただき、逆にちょっと安心した次第です。

　まず、"under the weather" は、「具合が悪い」、「二日酔い」、あるいは「鬱々した気分である」というときに使う表現です。僕が目にしたなかでは（といっても数回だけですが）、3つ目の「鬱々」という意味で使われていることが多く、やりとりの文脈ではこの意味が一番近いと思われます。

　問題は、これに答えるサブリナのセリフに、"six feet under" が使われていることです。こちらには同じ意味で "six feet underground" という表現があり、地中に埋められる、つまりは「死」を指す婉曲な比喩表現です（僕はデイヴ・マシューズ・バンドの歌詞で初めてその表現を知りました）。日本語も、「死ぬ」という意味の婉曲表現をさまざまに発達させていますが、英語にも "be gone" や "pass away" を筆頭として、この意味の語彙は非常に豊富です。

　今回は、"under the weather" と、"six feet under" が "under" という単語でつながっていますから、日本語の翻訳ではどうするかが課題になります。僕も3日間考えましたが、妙案はどうにも浮かばず……。まず、こうした表現を訳す際の僕のポリシーを挙げると、以下のようになります。

　①語呂合わせ的な要素はなるだけ日本語で再現する。原文が言葉遊びをしているのであれば、もうひとつの策として、ルビで原文の音や文字通りの意味を示し、ふたつの表現のあいだに語呂合わせがあることを出すという解決方法があります。これに頼らざるをえない場面は、翻訳をしていると多々

あります（最近だと、アンソニー・ドーアの『すべての見えない光』で「ダチョウの時代」という表現が「事なかれ主義の時代」を指している例に出くわして、どうにも日本語で再現できずにルビに頼りました）。ですが、日本語で何か語呂合わせを作れるのなら、そのほうが「翻訳した」という充実感がありますから、なるだけ挑戦してみるというのが僕の方針です。

　②日本文化特有の表現は避ける。「死ぬ」を指す表現として、「成仏する」「三途の川を渡る」や「無縁仏になる」などで、語呂合わせを作れそうだと思っても（作れなさそうですが）、原文の場面がアメリカの文化を前提としている以上は、あまりに和風な表現は使わず、より中立的な表現の範囲で工夫できるかを考えるべきだと思います。もちろん、連載時の応募者のみなさんは誰も仏教用語を使用されていませんでしたので、僕は一瞬ではあれ「卒塔婆」で何か語呂を考えようとしたおのれを恥じました。

　③婉曲な表現は婉曲な表現として訳す。ここでは“dying”あるいは“die”という言葉を使わずに“six feet under”と言っていますから、「死」という言葉は使わずに訳すことを優先で考えてみたいと思います。

　これに加えて、自分の病について“I'm sick”と言ったサブリナの言葉を、店員が「憂鬱な気分」のほうだと解釈して“under the weather”という表現を使い、それに答えてサブリナが“six feet under”と言う、という流れがあるので、「勘違い＋比喩表現＋言葉遊び」の組み合わせを考える必要があります。それだけで頭が痛くなってきましたが……。

　以上を踏まえて、連載時にみなさんから寄せられた案をいくつかピックアップしてみたいと思います。せっかくなので、（1）I'm sick,（2）under the weather,（3）six feet under, のセットで取り上げてみます。

（1）具合がよくなくて
（2）気分が塞いでいるとき
（3）棺桶の中に塞がれている

（1）病気だから
（2）体調が落ちている

（3）落ちていく先は墓穴

（1）病気だから
（2）具合が悪い
（3）もう治らない

（1）具合が悪い
（2）病気にかかった
（3）お墓に足がかかってる

　それぞれ、そうかその手があったのか、と思わせてくれます。ちなみに、僕は最初、"under the weather" に「気が滅入る」、"six feet under" を「体が参る」と訳していました。でも、こう訳したときの欠点は、「体が参る」では「死」のニュアンスが十分に伝わらないことです。そこで、第2案として、次の組み合わせを考えました。

（1）具合が悪い
（2）誰もお呼びでないって気分
（3）あの世からお呼びがきてる

　ただし、これは言葉としてちょっと古いかもしれません。もうひと回りシンプルな表現で考えるなら、次の組み合わせでしょうか。

（1）調子が悪い
（2）気落ちしている
（3）命を落としかけている

　もし、英語の原文の表現をうまく残すことを優先するなら、"under the weather" のところに「気分がどんよりしている」という比喩をあてることもできますが、そこから「死」というサブリナの発言にどうつなげたもの

か、僕はちょっと思いつきませんでした。いい案があれば、また教えていただけたらと思います。

■ 2. 登場人物の仕草をどう訳すのか

　身体的な仕草の表現は、文章のあちこちに顔を出しています。どの部位が取り上げられているのかをしっかりと把握しておく必要がありますし、それに加えて、文学作品においては、なにげない仕草が感情の表現になっていることがよくあります。これも一種の比喩表現といえるでしょうか。そのあたりは、あまりに説明的になりすぎず、自然な流れで訳すことを意識してみたいと思います。

Sabrina smoothed her hands over her hips, felt their sharpness through the liquid fabric.

　この文章は、前半と後半に分かれています。まず前半は、サブリナが試着したワンピースが体に合っているのか確かめている動作を表現し、後半は、ワンピースの下にある自分の体が、病気のせいでやつれてしまっていることを示しています。

　ここで問題になるのは "hips" が「腰」なのか「お尻」なのか、という問題でしょうか。この前後には、場所をそれ以上特定する情報は出てきませんから、場面を想像して考えるほかなさそうです。ワンピースを試着して鏡の前に立つ、という経験は僕にはないのですが、妻と買い物に行ったときのことを参考にするなら、まずは服の腰回りが自分に合っているかどうかを確かめる動作になるかと思います。それに加えて、文の後半で、突き出てしまっている骨が感じられるという情報がありますから、それがより分かるのは、やはり「腰」ということになるでしょうか。腰骨が浮いてしまっている、という彼女の姿は、想像するにはちょっと辛いのですが。

　加えて、ここは "hips" と "hands" と複数形が使用されているのをどう処理するのか、という点も、ちょっと考えどころになります。みなさん

がどう訳されているのか、いくつか挙げてみます。

・腰骨のあたりを両手で撫でる

・両手で腰を撫でて

・ヒップの上を両手でなでつけた

・左右の手で腰の辺りを撫でつける

　律儀に訳すとすれば、「腰の両側」と「両手」ということになるでしょうか。ただし、そうすると「両」が立て続けに出てきて、日本語としてはやや渋滞気味になってしまいます。ですから、たとえば「腰の両側に手をすべらせる」でも、両手を使っていることは了解してもらえるかと思います。逆に、「腰に両手をすべらせる」とすると、腰の片側なのか両側なのか、読者に与える図はちょっと曖昧になってしまうかもしれません。

The shopgirl's hands stopped fussing at her neckline.

　まず、"her neckline" の "her" がこの店員のことなのかサブリナのことなのか、判断が難しいという感想を、いくつか寄せていただいています。確かに、ここはどちらでも意味が通りそうな箇所です。

　もし、店員が自分の襟元をいじっていた場合ですと、"her neckline" というよりは "her own neckline" と書いているかもしれません。ここは、①ワンピースをサブリナに着せてファスナーを上げる、②少し離れたところから似合うかどうかをチェックする、③サブリナに近づいて少し襟のあたりを調整する、という動作をしていると考えて不自然ではないので、ふたりの女性のあいだでの、言葉以外でのコミュニケーションとして「サブリナの襟元をいじっている手が止まった」とするのが第一案でしょうか。死が近い、というサブリナの言葉に不意をつかれて、ちょっとどう答えたものか戸惑う心の内が見える箇所です。

I
基本編

she said, folding her arms across her stomach

　この箇所にみなさんがどんな訳をつけられたのか、まずはいくつか見て
みます。

・お腹の前で手を重ねた

・腰を抱くように腕を組んだ

・腹の位置で腕を組んだ

・両手を胸の下で組んで

　いわゆる「腕組み」の一種といえなくもないのですが、胸の前で腕を組
む動作が、「自信」のニュアンスを含んでいるのに対して、お腹の前で腕を
組んでいますので、どちらかといえばやや防御的な姿勢だといえるかもし
れません。店員はそれまで、サブリナのいう "sick" を心理的な気分だと
勘違いしていたのが、「(不治の) 病気」であることにようやく気づき、そ
れに驚いていると同時に、今まで接していた客が病気だとすると自分は大
丈夫だろうか、という不安に駆られている可能性も考えられます(店員が
サブリナの襟元から手を離して、自分のお腹を守るような腕の組み方をす
る、という一連の動きを踏まえると、その点はよりはっきりするかもしれ
ません)。

　そう考えると、この場面は、「お腹を抱えるように」という、ちょっとだ
け比喩のニュアンスを交えて、ただし「守る」とまでは言い過ぎないよう
な形で訳すのが妥当な線かな、と僕は思います。

The shopgirl nodded, her eyes dancing around the room.

　目の動きで感情を伝える表現は、どうしても文化によって約束事が違う
せいで、そのまま訳しても意味が伝わりづらいケースが多く出てきます。
目でいえば、"roll one's eyes" あたりが典型的な例でしょうか。目玉をぐ
るりと回す、というだけでは、「呆れている」という感情は日本の読み手に

は伝わりづらいので、動きを訳すよりも「呆れた目になる」とするほうが
かえって正確な訳かもしれない、といったように、翻訳者泣かせの表現は
いくらでもあります。

　この文で大事なのは、「このワンピースは本当に似合うのか」とサブリナ
に問われた店員の女性が、頷いていると同時に、サブリナにしっかりと目を
合わせることができていない、という点だろうと思われます。通常であれば、
営業職の人は相手の目をしっかりと見てお勧めしなければならないわけです
が（これは営業だけでなく会話一般にもあてはまります）、この店員には
それができていません。それだけを取り出せば失礼とも言われそうなのですが、
ここはサブリナの死期が近いという情報を受け止められないという心の揺れ
がそのまま表れているため、逆に、「似合っているのだが、それを死期が近
い人にどう勧めたらいいのかわからない」という気持ちがサブリナに伝わっ
ているという場面になると思います。それに後押しされて、サブリナはその
ワンピースを買おうと決心することになるわけです。

　その「直視できない」という目の動きが、英語を直訳すれば「部屋のあ
ちこちを踊る」という表現になっていますが、日本語でその動きに一番近
い目の動きとしては、「目が泳ぐ」というものが挙げられるでしょうか。た
だし、それだと心の動揺というよりは「やましさ」「隠し事」という面が出
過ぎる可能性もあるので、目が「あちこちをさまよう」というほうがぴっ
たりくるかもしれません。

　こうした身体表現に関しては、『しぐさの英語表現辞典』（研究社）とい
う辞典が出ています。これはかなり評価が高い本ですし、僕も折々にお世
話になります。目なり手なり、具体的な表現のニュアンスをとてもよく教
えてくれます。とはいっても、最終的には、翻訳する自分が、その仕草に
なるように体を動かしてみて、場面と照らし合わせ、どんな心情がそこに
あるのかを思いめぐらせる、という「実演＋想像」が、最大の調べもので
はないかという気がします。英語でアクションシーンやちょっとした体の
動きが描写されているときなども、僕はよくその動きを家で実演して、家
族からは不審がられています。

4　比喩・仕草・会話の訳し方

Ⅰ 基本編

■ 3. 会話の表現

　会話のセリフは、それぞれの登場人物の性格や、会話をする人たちの間柄を伝えてくれます。とはいえ、どんな口調で訳すべきかとなると、なかなか難しく、実際にその場面を演じてみる訳者もいるそうで、そうなると訳者兼役者といったところでしょうか。僕は電車でたまたま隣にいる人が会話しているのを耳にして、そうかこの口調はぴったり合いそうだ、と気づいたりします。

　店員と客の会話ですから、店員は丁寧な言葉遣い、客であるサブリナは、もうひと回りくだけた感じだと想定するのがよさそうです。たとえば "It's perfect" という店員のひと言は、「とてもよくお似合いです」とかでしょうか。

　そのあたりは、たとえば日本のデパートに入っているブランドショップでの店員の応対をイメージしてもらえれば、わりとすんなり訳せる箇所かと思います。あとは "sick" や "under the weather" のあたりのやりとりはすでに見ましたから、問題は、"I'm so sorry" というひと言になるでしょうか。すごくシンプルな1文ですが、僕から見て、これは相当な難物です。

　人の死などの不幸な知らせを聞かされた人が、"I'm sorry" と答えるのは、英語ではごくありふれたやりとりです。その言葉によって、聞かされた自分も悲しい気持ちを共有し、同情していることを相手に伝える役割があります。しかし、日本語でこれにぴったりくる表現があるかというと、僕はどうも出会えていなくて、せいぜいが「それは気の毒に」というあたりでしょうか。そのヴァリエーションとして、村上春樹さんが「気の毒したね」と翻訳したという例もあります。

　ここでの店員の発言 "I'm so sorry" にはもうひとつ、それまでの会話で、自分が勘違いをしていたことに対して申し訳ないという気持ちも入っていると思われます。言葉に詰まるというよりは、型通りの表現を借りつつ、うまくその場をしのごうという感じでしょうか。そうすると、「失礼しました」あたりのニュアンスもありなのですが、どうにも日本語で同情を

示すと同時に詫びるような日常的な表現がないのが苦しいところです。翻訳としては多少脱線になりますが、「それは大変なことを」とすると、サブリナの大変な思いと、自分が大変な勘違いしていたことを両方指すことができるかなと思うのですが……。

　ちなみに、『すばる』に掲載されたユウコ・サカタ（坂田祐子）の短編「こちら側で」（"On This Side"）の全体を翻訳しているときにも、この問題は出てきました。登場人物同士の会話のなかで出てくる "I'm sorry." というひと言に、「かわいそうに」という意味と「すまなかった」という両方の意味が込められていて、それを簡潔な日本語で訳す方法はあるのかどうか、作者の坂田さんと何往復かやりとりをしました。が、妙案は浮かばず……ということで、はやり翻訳には翻訳の限界というものがあります。

　課題文最後のひと言、"I'll wear it out." は、みなさんの訳がかなりきれいに分かれました。まずは、この発言が店員のものなのか、サブリナのものなのか、作品中では明示されていないので、そこが最初の分かれ目になります。店員の言葉と解釈した場合は、「私なら着古します」といった訳がありえます。ただし、実際には店員がその服を買うことはないので、私「なら」という仮定での発言になり、つまりは、英語の原文は "I would wear it out." になるはずです。仮定ではなく、単純な自分の意志として "I will" と発言できるのはサブリナだけですから、ここはサブリナのセリフと考えるべき箇所です。

　次の分かれ目は、ワンピースを「着倒す」か、「このまま着ていく」か、という点です。連載時に寄せられた文章は、この点に関してはちょうど半々くらいに分かれました。僕は後者の「このまま着ていく」だと思っています。まず、ワンピースを試着したままの会話ですから、通常であれば自分が着てきた服に着替え直して、買った服は包んでもらう、という流れになると思います。ただし、この主人公サブリナは死期が近いわけで、つまりは彼女に残された時間はそれほどありません。気に入った服があれば、家に帰って着替えるなんて悠長なことは言ってられない、今すぐ着て街を歩きたい、という思いから、「（似合うなら）このまま着ていくわ」と彼女が言っているのだと考えるほうが、この場面はしっくりくるだろうと思われます。

■ 4. 細かい表現

　なにげない単語レベルでも、どう訳すべきかちょっと迷う言葉がこの作品にけっこう多くありました。少なくとも僕はあちこちで迷ったり悩んだりしました。

　最初の1文に出てくる "hung with..." というくだりは、文法的に考えると頭がこんがらがってきそうな表現です。ここは「店に～がかかっている」という意味で用いられていますので、「～がかかっている」あるいは「～が並んでいる」あたりがちょうどいいでしょうか。

　この「～」に入るのが、"dress" なのですが、日本語で言えば「ドレス」も「ワンピース」も、英語では "dress" で表されます。日本語での「ドレス」は、わりと正式なウェディングドレス、カクテルドレス、イブニングドレスなど、僕から見て、やや華やかなデザインのものを指すケースが多いでしょうか（勘違いだったらすみません）。上等なワンピースというほうが近いのかな、と思います。

　ちなみに「シースドレス」という単語もあるにはあるらしいのですが、やはりそれですぐに形を思い浮かべられる読者はそれほど多くないと思います。ここは体にぴったり沿ったデザインであることが、着られる・着られない、痩せた体が手でも感じられる、という前後の文脈において大事ですから、それがすぐに伝わるように、「細身」などの日本語にしてあげたほうが親切な箇所です。

　このあたりの業界用語について、どこまで訳すべきなのかという質問もいただきました。僕が心がけているのは、文学作品である以上、誰でも物語に入れるように書かれているはずなので、作品が最初から意図的に壁を作っていないかぎりは、用語のレベルで分かる読者と分からない読者のあいだに壁を作ってしまうのは避ける、ということです。その意味もあって、僕は訳注もあまり好きではありません。分からない地名なり固有名詞なりが出てきても、今はすぐに携帯電話などで検索できますから、文章を途中で遮ってしまうよりは、物語をなめらかに進めることのほうが大事だと感じています。

上等な服を買うとなれば、"special occasion" の話が出るのは自然なのですが、この単語もなかなかぴったりくる訳語が見つけづらいですね。みなさんの訳でも「特別な機会」や「特別なイベント」、あるいは「特別な日」や「パーティ」や「特別な理由」など、さまざまに工夫されていました。僕も最初「パーティ」にしていましたが、気合いの入ったデートでも着ることはあるし……と思い直して、何でも入るように「特別なご予定」としてみました。

あとは店員の体型について出てくる "spin class" と "salad dressing on the side" あたりも、悩ましいところです。運動と食事に気を配っている、ということですが、それぞれ「スピンクラス」「脇にサラダのドレッシング」とすると、何を意味するのか、ちょっと伝わりづらくなってしまいます。目下のところの僕の案は、「エアロバイクの教室に通い、サラダはドレッシング抜きにして」というものです。

なにげないけれども重要なのは、サブリナがワンピースを買おうとするときに出てくる "cash" でしょうか。ここは「現金」とはっきり訳すべきところです。海外ドラマ、特に『セックス・アンド・ザ・シティ』あたりをご覧になっていた方ですと、ファッション関係での買い物に際して、客はまず間違いなくクレジットカードを取り出すことを分かってもらえるかと思います。高額な買い物に際して現金を持ち歩く習慣は、アメリカではまずありません（ヨーロッパはキャッシュレスに移行中です）。ですが、ここでのサブリナは現金を取り出します。その理由は、クレジットカードが前提とする「未来の引き落とし」という時間は、サブリナには残されていないからです。彼女が生きているうちにすべて使い切るつもりで現金を持っていること、それくらい自分の時間が短いと思っているということが、カードではなく現金を取り出すという行為に凝縮されている場面です。

■ 5.　学生訳

学生訳は仕草の訳し方がシンプルでありながら、細やかな気配りを感じさせる文章になっているのに加えて、"sick" から "under the weather"

I
基本編

への移り方もとても自然な会話を作り上げています。

【浅利奈津子さんの訳文】

　　10着のちがうドレスのみ置かれたブティックは宝石箱だった。1年前だったら、ここにあるドレスはどれもサイズが合わなかっただろう。しかしいまはどれでも選ぶことができた。店員が着せてくれたのは生成り色のシルクのワンピースで、背中の真ん中にスリットが入っていた。「とてもお似合いです」店員は言った。「お客様の髪の色がよく映えますね。なにかイベントのご予定でもあるんですか?」

　　サブリナは両手を腰回りにすべらせた。なめらかな生地ごしに、ごつごつした感触が伝わってきた。「そうなの」サブリナは言った。くしゃみが出る寸前のように鼻がむずむずした。「気分がよくないもんだから」

　　店員はほほえんだ。「調子が悪いとき、気分があがるものを自分に買ってあげるのはいいことですよね」

「調子が悪いんじゃなくて」サブリナは正確な言葉を考えながら言った。「死が近いのよ」頭に血が上り、うつむくと心臓の鼓動に合わせてドレスが揺れているのが見えた。店員は襟元をいじっていた手をとめた。

「すみませんでした」店員は胸の下で腕組みした。サブリナと同じぐらい痩せているが、彼女の場合はエアロバイクのレッスンに出たり、サラダのドレッシングを別添えにしたりして必死に努力したに違いなかった。

「このドレス、ほんとにいいと思う?」サブリナは財布から現金を取り出しながら聞いた。

　　店員は視線を店内にさまよわせてうなずいた。

「これ着たまま帰るわ」

■ 6.　藤井による訳例

それでは、恐る恐るではありますが、僕が作った訳文を以下に挙げます。

そこは 10 種類のワンピースが 1 着ずつ並んでいるだけの、宝石箱のようなブティックだった。1 年前の体型だったなら、どれも体に合わなかっただろうが、今の彼女は選ぶことができる。シルク製で背中の中央に切り込みの入った、オフホワイトで細身のワンピースを彼女が試着すると、店員の女性がファスナーを上げてくれた。「ぴったりですね」と店員は言った。「服の色で、赤い髪がとてもよく映えます。何か特別なご予定でも？」

サブリナが腰の両側に手を走らせると、すべすべした布越しに、ごつごつとした感触があった。「ええ」と彼女は言った。くしゃみが出かかっているときのように、鼻がむずむずした。「調子が悪いから」

店員は笑顔になった。「気落ちしてるときには、ちょっとした景気づけがあるといいですよね」

「気落ちしてるっていうか」とサブリナは言いつつ、ぴったりの言葉を探した。「命を落としかけてるの」頭がくらくらして、下を見ると、服が、心臓の鼓動に合わせてぴくぴく動いていた。サブリナの襟元を調整する店員の手が止まった。

「それは大変なことを」と店員は言うと、両腕でお腹のあたりを抱えるような仕草になった。サブリナと同じくらい痩せていたが、それはきっと努力の成果なのだろう。エアロバイクの教室に通い、サラダはドレッシング抜きにして体型を維持しているのだ。

「ほんとうにこのドレス、似合うと思う？」サブリナは財布から現金を取り出しつつ訊ねた。

店員は頷いた。視線は部屋のあちこちをさまよっていた。

「じゃあ、このまま着ていくわ」

課題文は物語の冒頭だけですから、物語がどんな終わりを迎えるのか、

I

基本編

せっかくなのでご紹介します。

　残された時間でお洒落をして、ロマンスもいくつか体験して……という日々を送ったあと、サブリナは死ぬことはありません。たまたま出会った女性ジーンから、別の医師に診断してもらってセカンドオピニオンをもらうように勧められるのが、短編の最後にかけての場面になります。

> 「1回聞けばじゅうぶん」とサブリナは言った。「時間を無駄にしたくなかったし。ずっと、ニューヨークで生活してみたいと思っていたから」
> 　ジーンは手を伸ばして、マニキュアを塗った爪で名刺をとんとんと叩いた。「診察予約を入れるのよ」と言った。「あなたはニューヨークで生きるためにここに来てるんだから」

　こうして、つかの間の夢だと思っていた生活は、短編のタイトル通り、サブリナが生きていく話に姿を変えます。物語のタイトルにもなっている"The Living" には、「生活する」とも「生きる」とも訳すことができますから、どちらにすべきかは悩みどころなのですが、まさにそのふたつの意味のあいだを動くように、サブリナが「暮らす」ことから「生きる」ことに向かっていく展開が、物語の醍醐味なのだとも言えそうです。

5

音や記号の情報

**レベッカ・マカーイ
「赤を背景とした恋人たち」（2015）**

　本章の課題文は、1978 年生まれ、シカゴ在住の作家レベッカ・マカーイ（Rebecca Makkai）による短編、「赤を背景とした恋人たち」（"Couple of Lovers on a Red Background"）からの 1 段落です。

　マカーイはシカゴで育ったのですが、父親がハンガリー出身の移民二世にあたります。そんなバックグラウンドもあって、第二次世界大戦下のハンガリーやルーマニアといった東欧を舞台とした短編をいくつも発表し、戦争と芸術の関係などを問うテーマを探求することの多い作家です。

　ただし、「赤を背景とした恋人たち」はマカーイのなかでもかなり不思議な作品です。舞台は 2002 年のニューヨーク、地上 27 階の高層アパートに暮らす、不動産業勤務の女性が主人公となります。ラリーという恋人がいたのですが、物語が始まる前の年、つまりは 2001 年の同時多発テロ攻撃で世界貿易センタービルが倒壊してから、ふたりの価値観の違いが目立つようになり、物語が始まったときは、すでにラリーはアパートを出ていき、大学を卒業して彼が買ったヤマハの直立ピアノが居間に残されている、という状況です。

　ここまでは、社会状況を背景にした夫婦のすれ違いという点で現代のアメリカ小説にはありがちな話かもしれません。しかし、ある日、主人公の女性はピアノのなかから物音が聞こえてくることに気づきます。さてはネズミが入り込んだか、と思いきや、10 日後になると、突然ピアノの蓋が持

067

ち上がり、身長 30 センチメートルほどの小人が飛び出してきます。仰天し
つつも、その生き物をクローゼットに追い込んで仕事に出かけ、帰ってき
てみると、その小人は大人の男性の大きさになり、ソファに眠っていまし
た。よくよくその姿を見てみると……その男性、実はヨハン・セバスティ
アン・バッハ、人呼んで「大バッハ」でした。18 世紀のドイツから、どう
いうわけかあの音楽の偉人がタイムスリップしてきたようです。

　当然ながらバッハは英語を話せませんから、主人公は周囲には内緒でバッ
ハとふたり暮らしを始めることに。仕事に行っているあいだに音楽を聴い
てもらおうと CD プレーヤーの使い方を教えると、どうやらバッハはジャ
ズブルースが気に入ったらしく、分かりもしないブルースの歌を笑顔で、
しかもドイツ語訛で披露してくれたりします。

　課題文に選んだ箇所は、バッハが登場した直後、主人公の女性が、自分
がピアノを習い始めたばかりのころを思い出すくだりです。最初のほうの
"He" はバッハのことですが、それ以降は、主人公の少女時代の記憶が語
られています。実は僕にも、かつてピアノを習っていた時期がありました。
今は楽譜を見ても、指がまったく動いてくれませんが……。バッハのメヌ
エットが課題だったかどうかは記憶の彼方なのですが、7 歳のころの僕も一
所懸命に指を動かしていたわけですから、ちょっと懐かしい気分になる文
章でもあります。

He doesn't seem to remember living in the piano. He never lifts
the lid to look inside, which I would certainly do if I'd lived there
ten days. The morning he came, I was in my sweats playing his
Minuet in G – the one you know if you ever took lessons, the
first "real" piece you learned by a serious composer: DA-da-da-
da-da-DA-da-da. I was remembering that the day I learned to
play it was the same day my father, the journalist who wished
he were an opera baritone, first took interest in my lessons. I
was seven. He would stand behind me and beat time on his
palm. He even made up a little song for it, when I wasn't getting

the rhythm right: "THIS is the way that BACH wrote it, THIS is the way that BACH wrote it, THIS is the merry, THIS is the merry, THIS is the merry tune!" I'd keep playing even though it panicked me, and I'd think of the picture from my cartoon book about Beethoven, the one where his father stood behind the piano with dollar signs in his eyes. I wasn't gifted enough that my father was thinking of money. Maybe he wanted me to entertain at his dinner parties, or just to be better than he was. Treble clefs in his eyes.

■ 1. 翻訳の際のポイント

　連載時に多くの方からコメントと質問をいただいたように、重要になるポイントは、①1文が長いときに翻訳もそれを尊重すべきかどうか、②音や記号といった情報をどう訳すのか、という2点になると思います。

　まずは訳文のトーンを決めるという作業について考えてみたいと思います。ここでも、原文のセンテンスの長さが関係してきます。

　一般的に言えば、口調を考えるにあたって考慮すべきはまず、語り手の性別です。英語と違って日本語には性別の違いが文字としてはっきり出てきますから、性別でトーンも大きく左右されてきます。そのことを意識して、はっきりと女性言葉を使用された方や、「～してた」と「い」を抜く話し言葉調を選ばれた方、ですます調を採用している方も、みなさんのなかにはおられます。

　ですが、あまり女性的な面は出さず、中性的で冷静な口調が合うのではないかと僕は思っています。その理由はふたつあります。①原文が話し口調ではなく文法的にかなり整然としていること、②センテンスが長いこと、です。

　たとえば課題文でふたつ目のセンテンスにあたる、"He never lifts the lid to look inside, which I would certainly do if I'd lived there ten days." という文は、もうひと回り話し言葉に近い語りであれば、ふたつのセンテ

069

ンスに分けて、"He never lifts the lid and look inside. I would certainly do it if I'd lived there ten days."と書くことも可能です。しかし実際は、前半は "He never lifts the lid to look inside" と「to ＋不定詞」を使用して書かれ、そして後半は "which" を使った関係代名詞節として１文にまとめられていることからも、話し言葉のライブ感よりも、文法的な正確さがはっきりと出された、冷静なトーンが勝っている文章であるということが示されています。

　もう１点、課題文ではすでに述べた名詞を改めて説明するときに、"the one"が２回使われています。これは作者マカーイの癖でもありますが、先行する情報を "it" などで受けるよりも、"the one" で受けるほうが、ひと回り冷静さが増しますから、あまり話し言葉に近づけないという判断が妥当なのではないかと思います。

　ちなみに、"I" を「わたし」とすべきか、「私」か「あたし」か、という点も、口調を決める過程で判断することになります。今回は、年齢的には30代後半の語り手ですから「私」か「わたし」、口調の冷静さを考慮すれば「私」とする方向で僕は考えています。

■ 2.　長い文は切るべきか、切らざるべきか

　マカーイのセンテンスは、わりと長めになる傾向があります。先ほど述べたような、文法的にしっかりした構成も含めて、起きている出来事に対しては冷静でジャーナリスティックに接している、そんな文章の書き方を好む作家です（ちなみに、僕の勝手な印象では、同じ作家がフィクションとノンフィクションを書くと、ノンフィクションのほうが１文が長くなるように思います）。

　それを翻訳する際には、途中でいったん切って、複数のセンテンスに分けていいものかどうか、それとも１文は１文で翻訳するべきかを判断せねばなりません。以前にも触れたことのあるポイントですが、おおまかな判断基準があるとすると何だろう、と僕のほうで少し考えてみました。

① 長い文を（なるだけ）切らないほうがいい場合

　作者の「文体」として、長い文が重要な要素である場合です。書き手にとって、文体とは試行錯誤の末に編み出した自分の個性ですから、翻訳でも、なるだけそれを尊重する必要があります。文が長いことにその作家の個性がある場合は、翻訳の日本語も１文を長くするということが優先されます。

　僕が出会ったなかでは、ラウィ・ハージというレバノン生まれの作家が書いたデビュー小説『デニーロ・ゲーム』のなかで、語り手である主人公の想像が次々に膨らんで、イメージが連なっていく１文が７〜８行にわたって続く、というケースがありました。これを違和感のない日本語で再現するのは無理なのですが、あくまで原文の形を保つべく、１文で訳しました。

② 原文の１文を複数の文に分けてもいい場合

　そもそも、英語と日本語では、１文はどれくらいの長さが「自然」であるのかについての感覚が異なります。概して言えば、英語のほうが少し長めになると僕は思っています。ですので、英語では１文でも、日本語では２文にして翻訳してもいいケースというのは、わりと多くあります。

　それを考えてもいい典型的な例は、「主語＋動詞」の独立節がふたつ、"and" で接続されているケースです。ＡとＢで主語が変わるケースは、わりと英語ではよく見られますが、日本語は、１文のなかで主語の入れ替わりはそれほどない言語ですから、ＡとＢをそれぞれ１文で分けることも選択肢になります。

　上のようなケースも含めて、英語のコンマ「,」が、日本語の「、」と「。」の中間くらいの使い方をされているケースは頻繁に見られます。翻訳のときは、それを「、」にすべきか「。」にすべきかを訳す側が判断することになります。

　それに加えて、マカーイの文章は、句読点の種類からして、英語と日本語で異なっていることが問題になります。課題文に出てくるダッシュ記号「—」は、ここ20年くらいで翻訳の文章でわりと使われるようになりましたが、コロン「:」はまだ日本語で使うことはできません（セミコロン「;」

も同様です）。そこを「。」にするかどうか、これも、語りのトーンなどとの兼ね合いで決めていく必要があります。

　以上のことを合わせて考えますと、ややセンテンス数が多めの翻訳になっても許容範囲だというのが僕の考えです。ダッシュにせよコロンにせよ、日本語の訳文では、しかるべき「間」ができていれば「。」で対応することはできるかと思います。

■ 3.　音の情報をどう訳すべきか

　これは課題文のハイライトと言うべき問題です。まずは曲の音を説明する "DA-da-da-da-da-DA-da-da" がありますし、次には語り手の父親のつけた歌が控えています。僕はこの手の表現を何日も考えるのが好きで、放っておくと延々と言葉遊びを始めてしまうので、どこで諦めるかでいつも苦労します。

"DA-da-da-da-da-DA-da-da"

　メヌエットの弾き始めの音で、高音でやや長い拍になる音が大文字、それ以外は小文字で表記されています。読んでしばらくしてから、あ、あの曲だ、と思い当たった方が多いようです。僕もそのクチです。

　バッハのメヌエットにもト長調とト短調の２種類あるのですが（ピアノを習っていたはずの僕もすっかり忘れていました）、ふたつの点からト長調だと考えるのがふさわしいと思います。ひとつには、ピアノを習い始めたとおぼしき年齢で挑戦するとすれば、ト長調のほうが弾きやすいと考えられること。もうひとつは、応募者の方からコメントでもいただいていますが、あとで出てくる "merry tune" という表現には、長調のほうが合うことです。

　ちなみに、この曲についてはバッハの作ではないという説も出ている、とある方に教えていただきました。どうもありがとうございます（僕は知りませんでした）。そうすると、"his Minuet in G" をどう訳すかという問

題が生じるのですが、ここは"his"を使っている以上、語り手の女性はそのメヌエットがバッハ作の曲であると見なしているわけですから、「彼が作った」あるいは「彼が作曲した」とすべきかと思います。もちろん、その真偽が実はあやふやだという点は、バッハがそこにいることの非現実性にも関わる、物語上の仕掛けの一部なのかもしれません。

　さて、"DA-da-da-da-da-DA-da-da"に戻って、みなさんから寄せられた訳を見てみることにしましょう。

> ・ラー、ラララ、ラー、ラ、ラのあれ
> ・タン、タタタタ、タン、タッタッ
> ・タータラララタータッタ
> ・た〜たりらりら〜たった
> ・ダ、ダダダダ、ダ、ダダ
> ・らん、ららら、らん、らっら
> ・タン・タカタカ・タン・タッ・タッ

　音と音の間で半角スペースを空けているという案も出ましたが、僕の見るところ、日本語の文芸翻訳ではスペースを空けるということはまだ許容されていないようです。

　ちょっと意外なことに、実際の音階を使った翻訳は連載時にはおひとりだけでした。以下のような案です。

> ソー、ドレミファソ、ドッドー

　ここでは音階を表記するほうがいいかなと僕は思っています。"DA-da"のように、英語では大文字と小文字で音の強弱や高低を示すことが、日本語ではできません。字を大きくする、あるいは太字にするという操作は最終手段だと思います。それらの方法は使わずに、「あ、あの曲か」と分かってもらうためには、もうひと回り分かりやすくするほうがいいかなとも思います。ということで、僕の案はト長調の音階です。

I	レーソラシドレーソッソ
基本編	

　そうすると、翻訳を原文よりもひと回り分かりやすくしていいのかどうか、という問題にぶつかることになります。これもそのつど判断するほかないのかなと思いますが、ここは「あの曲だと分かってもらう」ことに重点がありますので、少し読み手に親切な方向を目指してみてもいいケースです。

"THIS is the way that BACH wrote it, THIS is the way that BACH wrote it, THIS is the merry, THIS is the merry, THIS is the merry tune!"

　こちらのほうが翻訳の楽しさ（と難しさ）が倍くらいあるでしょうか。"DA"と大文字で表記されていた、拍の長い音に、今度は単語の"THIS"と"BACH"があてられています。単純そのものの歌詞ではありますが、確かに曲に合わせてちゃんと歌えるようになっていますから、日本語でも歌える歌詞を作らねばなりません。

　この場合は、英語の歌詞の意味を尊重すべきか、それとも脱線していいのか、どちらでしょうか。意味という点では"this is the way that Bach wrote it"はともかく、"this is the merry tune"には「ノリ」を伝えるほかにはあまり意味はなく、要するに節回しが成立していればいい、という即興の歌です。ですので、日本語の翻訳でも、「歌える」ことを最優先として、もともとの意味からは脱線してもOKだろうと僕は思います。

　とはいえ、連載時に実にさまざまな翻訳案を出していただいているので、それをいくつか見てみましょう。

・「さあこう弾きなさい、バッハはこう書いたんだ、ああ愉快だ、ああ愉快だ、ああ愉快だな！」
・「こー・ん・な・よ・に・つー・くっ・た、こー・ん・な・よ・に・つー・くっ・た、こー・ん・な・ね、こー・ん・な・ね、たー・の・

し・い・うた」

・「**さあたのしい**メヌ・エッ・ト、**さあおどろう**メヌ・エッ・ト、**かー**ろやかに、**かー**ろやかに、**ちょーし**をあわせー」

・「バッハがこれ書いた、バッハがこれ弾いた、楽しい曲、すてきな曲、幸せメロディー！」

・「こーれがバッハーだーよー、こーれがバッハーだーよー、たーのしいよ、たーのしいよ、こーの曲だよ！」

・「バッハの曲・バッ・ハッハ、バッハの曲・バッ・ハッハ、陽気な曲、愉快な曲、楽しく弾こう」

・「バッハはこう書・いた、バッハはこう書・いた、こ・こちよい、こ・こちよい、陽・気なメロディ！」

　素晴らしい発想の数々です。「バッハッハ」なんて、僕には一生かけても思いつきません。こう並べてみると、原文の意味を保持しつつ日本語の歌を考えることもできるんだな、と気づかされます。

　とはいえ、一応僕も「脱線」を前提にちょっと考えたので、それを披露しようかと思います。一番重要なのは、原文が大文字になっている箇所に、日本語でも強めに発音できる音をあてるという作業で、無理に発音をいじらなくてもあのメロディに乗せることが可能な文章を作ることです。この形の翻訳の最高峰は、『アナと雪の女王』をはじめとするディズニー映画の歌詞吹き替えの数々で、毎回見事な訳詞が登場します。それには太刀打ちできるはずもありませんが、とりあえず僕が考えたものを……。

　「バッハであそぼ、う、よ、バッハであそぼ、う、よ、おーとうさんもおーかあさんもみんなであそぼ、う、よ！」

　あれだけ前振りしておいてこれか、と言われたら反論のしようもありませんが、思いついてしまったものは仕方がありませんので。ちょっと間を置くところは「、」での表記を選びました。前半は「バ」と「ぼ」が自然と強い発音になり、後半は「と」と「か」に強勢が置かれることになります。

I
基本編

それなりに歌えるんじゃないかと思いますが……。

■ 4.　記号の情報をどう訳すべきか

　もうひとつ、ドル記号とト音記号が、文章の後半でユーモラスな役割を果たしています。これも質問をいくつかいただいていますが、翻訳に際してはどう扱うべきでしょうか。

　特にドル記号については「$」がキーボードにもあるわけですから、実際に記号そのものを選んだ方もおられます。ト音記号はちょっと無理か、と思いきや、画像データのコピーを貼り付けて提出していただいた原稿もありました。

　記号の情報をどこまで翻訳すべきか、こちらも判断を迫られるところです。先ほど、音の情報については「ひと回り分かりやすく」と僕は述べましたが、今回の記号については、「$」とは明示しないほうがいいだろうと思います。理由は単純で、原文でも$と表記することは可能ですが、マカーイは"dollar signs"と単語表記にすることを選んでいるからです。

　もうひと回り実験的な作家になると、ページ上に記号を多用することがあります。ポストモダン文学の小説家には特にそれが多く、僕の読んだなかではウィリアム・T・ヴォルマンなどが思い浮かびます。それに比べればもっとオーソドックスな語り口調ですから（起きている出来事は奇妙なのですが）、あくまで文字情報で伝えるほうが、全体のトーンと相性がいいように思います。目に記号が浮かんだ「絵」は、あくまで読み手の頭のなかで想像してもらう、ということになります。

■ 5.　個々の表現について

　あとはいくつか、連載時に寄せられたみなさんの訳が分かれた表現を中心に見ていきたいと思います。

in my sweats

これを服装の表現と取るべきか、「汗いっぱいに」という一所懸命さの表現と取るべきか、ちょうど半々くらいでした。ここは服装の表現だと思っていいところです。「汗」に関しては、"in a sweat" なり "covered in sweat" といった慣用表現がありますが、"my sweats" となると、上下ともにスウェットを着ていると考えるほうが自然です。

とはいえ、「スウェットの上下」にすべきか、「トレーナー姿」にすべきか、はたまた「ジャージの上下」にすべきか、服装にしてもいろいろな案を出していただいています。リラックスした（気合の入っていない）格好であることを日本語で如実に表してくれるのは「ジャージ」で、イメージしやすく原文の文脈に近いのは「トレーナー」かなと思います。

the one you know if you ever took lessons, the first "real" piece you learned by a serious composer

これは表現云々というよりも、日本語でうまく語感を作るのが難しい箇所です。直訳に近い形にすると、次のようになるでしょうか。

> ピアノを習った人なら知っている、真剣な作曲家による最初の「本物」の曲。

「真剣な」作曲家といっても、ちょっとニュアンスが伝わりづらいですし、「最初の」「本物の」と続くあたりを、もうちょっと工夫したくなる箇所です。少しばかり意訳を交えて、こう訳してくれた方がいます。

> ピアノを習ったことのある人だったら知っているだろうけど、習いはじめて最初に弾くクラシックの「曲らしい」曲といったらこれだ。

全体の口調は解説的なトーンで、と僕は先に述べましたので、この文章をちょっと冷静なトーンで調整すると、ちょうどいい形になるかもしれません。

Ⅰ

基本編

I was remembering that the day I learned to play it was the same day my father, the journalist who wished he were an opera baritone, first took interest in my lessons.

　まず、冒頭の "I was remembering" は、ピアノを弾いていたときの語り手が、演奏しながら 7 歳のときのことを思い出していた、ということを意味します。「覚えている」とすると、語っている現在の時点での記憶になってしまいますから、ちょっと注意が必要な箇所です。

　もうひとつ、ここは語順の問題が出がちな箇所です。原文に忠実に、1 文の形を守って訳すとすると、次のような訳がありうるでしょうか。

私は、その曲を習った日が、ジャーナリストだけどバリトンのオペラ歌手になりたかった父が、私のレッスンに初めて興味を持ってくれた日でもあったことを思い出していた。

　ここでの問題は、①1 文のなかで人称が「私は」「父が」「私の」と 3 回出てきてしまう、②文の主語である「私」と、動詞である「思い出していた」が離れすぎてしまう、という 2 点です、特に後者は文章の読みやすさに大きな影響を与えがちですから、できれば避けたいところです。

　解決策としては、文をふたつに分けるという選択肢があります。するとどこで分けるのかが問題ですが、僕は "I was remembering" で分けることを選びます。文の形としては次のようなものです。

私は思い出していた。初めてその曲を覚えた日は～という日でもあった。

　こうすると、主語と動詞の距離は解決できて、かつ、次のセンテンスで「父」と「私」という人称が混在するという問題も、2 文目の書き出しでは「私」を省略しても大丈夫になりますから、かなりすっきりできるのではないかと思います。

ちなみに、"father" の訳し方について迷うという質問もいただいています。冷静な語り口なら「父」、大文字を使用している "Father" という表記なら「父さん」、"Dad" や "Daddy" なら「パパ」が第一候補、ということになるでしょうか。ベートーベンの "father" については、他人ですのでニュートラルな「父親」がいいだろう、というのが僕の考えです。

I'd keep playing even though it panicked me

　まずは "would" をどう訳したものかが難しいという方もおられました。この場合、父親が歌って拍子をとってくれることが何度もあり、そのたびに私はパニックになった、という、「過去に繰り返しあったこと」を指しているために "would" が使用されていると考えられます。

　翻訳の表現にはいくつか選択肢があります。「〜したものだ」という表現は、やや固い印象を与えるかもしれません。「私はきまって〜した」というふうに、少しほぐすような訳し方でもいいと思います。それ以外では、僕はよく現在形で訳すことを選んでいます。過去の話だという了解があるうえで「私は〜する」と訳すと、いつもそういうことが起きたのだというニュアンスを伝えられるのでは、と期待してのことです。あるいは、「そうしたとき」といった語句を挿入したうえで普通の過去形で訳すというやり方もあり、僕はそうしてみました。

　後半の "it panicked me" も、いろいろな案を出していただきました。ヴァリエーションがかなり豊かだったので、いくつか紹介します。

- ・パニックに陥る
- ・混乱する
- ・面食らった
- ・うろたえた
- ・どぎまぎしながら
- ・訳が分からなくなりながら
- ・内心では動揺していた

Ⅰ 基本編

> ・調子が狂っても
> ・慌ててしまった
> ・ひどく戸惑い
> ・惑わされても
> ・パニクりそうになりながらも
> ・ひどく気が散った
> ・頭が真っ白になりながら

　パニックにもいろいろあるんだな、と改めて感心します。僕が選んだのは、最後に挙げた「頭が真っ白に」という表現です。指をちゃんと動かさなければいけないのに、そばで父親が歌ってくるのも聞かないといけなくて、もうどうすればいいの？　という子どものいっぱいいっぱいな感じが伝わればいいのかなと思います。

■6．　学生訳

　それでは、学生訳を3点紹介します。原文全体の口調を訳文にうまく反映させ、音の情報もうまく翻訳しているという点に加え、日本語として滑らかな文章になっています。

【伊東晶子さんの訳例】

> 　彼はピアノの中で暮らしていたことを覚えていないようだ。蓋をあげて中を見ようとはしない。私だったら絶対にそうするだろう。10日もそこに住んでいたのだから。彼が出てきた朝、私はスウェットの上下を着てバッハのメヌエット　ト長調を弾いていた。ほら、あれだ、ピアノを習ったことのある人なら最初に習うまともな作曲家の「ちゃんとした」曲。ラー　ラララ　ラーララ。弾きながら思い出していた。この曲を習った日は、私の父、ジャーナリストだったがオペラのバリトン歌手に憧れていた父が、私のピアノに初めて関心をもった日だっ

た。私は7歳だった。父は私の後ろに立ち、手の平で拍子をとった。私がうまくリズムをとれないときには、ちょっとした歌をでっちあげたりもした。「さあこう弾きなさい、バッハはこう書いたんだ、ああ愉快だ、ああ愉快だ、ああ愉快だな！」その歌のせいでわけがわからなくなってしまったが、それでも私は弾きつづけた。弾きながらベートーベンのことを書いた漫画本の絵を思い出していた。ベートーベンの父親がピアノの向こうに立っていて、その目にお金のマークが浮かんでいる絵だ。私は、父がお金のことを考えるほどの才能には恵まれていなかった。おそらく、ディナー・パーティで余興に弾かせたいと思ったのだろう。あるいは、自分よりうまくなってほしいと思っただけかもしれない。彼の目にはト音記号が浮かんでいた。

続いてもうひとつ。「ギラギラ」と「キラキラ」のペアリングなど、意外な工夫も面白いと思います

【浅利奈津子さんの訳例】

彼はピアノの中にいたことを覚えていないようだ。ピアノの蓋をあけて中をのぞこうとはしない。私があの中で10日もすごしたなら、きっと中をのぞいてみるだろう。バッハが現れた朝、私はスウェットを着て、彼のメヌエット　ト長調を弾いていた。ピアノを習っていた人にはおなじみの曲。立派な音楽家による最初の「ちゃんとした」楽曲。『タンらららら、タンらら』ではじまるあれだ。あの曲を弾けるようになった日に、父が私のレッスンに初めて興味を示したことを思い出した。父はオペラのバリトン歌手になりそこねたジャーナリストだった。そのとき私は7歳。父は私の後ろに陣取り、手で拍子をとっていた。私がリズムをはずしたときには歌詞をつけて歌うこともあった。『バッハを歌おうよ、バッハを歌おうよ、たーのしいな、たーのしいなバッハの曲は！』。父の歌に動揺しつつも私は弾き続けた。そしてベートーヴェンの漫画で見た絵を思い出した。ピアノの後ろに立つベートーヴェ

ンの父親は、金儲けを夢見て目をギラギラさせて描かれていた。私の才能では父が金儲けを夢見ることはなかった。父の望みはディナーパーティーの余興で私がピアノを弾くことだったのかもしれない。あるいは父より上達して欲しかっただけか。父は音楽への情熱で目をキラキラさせていたのだった。

　もうおひとり挙げるとすると、こちらの方になります。少し口調が若い設定になっていますが、文章はとても正確で、読んでいてリズム感も腑に落ちます。

【秋山佳苗子さんの訳例】

　ピアノの中に住んでいたことは覚えていないようだ。蓋を持ちあげて中を覗くなんて一度もしない。わたしだったら、10日間もそこで過ごしたら絶対に中を覗くんだけど。彼が現れた朝、わたしはスウェット姿で彼のメヌエット　ト長調を弾いていた。ピアノを習ったことがあれば知ってるあれだ。初めて練習する本格的な作曲家の「ちゃんとした」曲。あの、**タンッタラララランッタタ**ってやつだ。わたしは、その曲を習った日が、バリトンのオペラ歌手になりたがっていたジャーナリストの父が、わたしのレッスンに初めて関心を持った日だということを思い出していた。7歳だった。父はよく、わたしの後ろに立って、手のひらで拍子をとった。その曲のために短い歌まで作った。「こっれがあの**バッハ**のキョク、こっれがあの**バッハ**のキョク、**こっ**れがそう、**こっ**れがそう、**こっ**れがそうサー」わたしはその歌に混乱させられても弾き続けた。そして、ベートーベンのマンガに出てくる絵のことを考えた。ベートーベンの父親がピアノの後ろに立っていて、瞳の中にドルマークが描いてある絵だ。わたしは、父がお金のことを思い浮かべるほど才能に恵まれてはいなかった。たぶんディナーパーティで楽しませてほしいとか、自分よりマシになってほしいとか思っていたんだろう。父の瞳にはト音記号が見えた。

■ 7. 藤井による訳例

続いて、僕が訳してみた文章です。

> ピアノのなかで暮らしていたことを、彼は忘れているようだ。私だったら、10日間もそこにいれば絶対に天板を開けて覗き込むだろうが、彼にはそんな素振りはない。彼がやってきた朝、私はトレーナーの上下を着て、彼が作曲したト長調のメヌエットを弾いていた。ピアノのレッスンを受けたことがあれば誰でも最初に習う、大家による「本物」の曲だ。レーソラシドレーソッソ、で始まるあの曲。私は思い出に浸っていた。その曲が弾けるようになった日は、バリトンのオペラ歌手になりたいと願っていたが記者になった父が、初めて私のレッスンに興味を持ってくれた日でもあった。私は7歳だった。父は後ろに立って、手のひらでリズムを取ってくれた。曲に合わせて歌も作って、私がうまくリズムを取れないときには歌ってくれた。「バッハであそぼ、う、よ、バッハであそぼ、う、よ、おーとうさんもおーかあさんもみんなであそぼ、う！」そんなとき、私は頭が真っ白になりながらも弾き続けて、漫画の本に出てくるベートーベンの絵で、ピアノの後ろに立つ彼の父親の目がドル記号になっていたことを思い浮かべていた。父がお金儲けを考えるほどの才能は、私にはなかった。夕食会の余興でもしてほしかったか、単に自分よりもうまくなってほしかったのだろう。父の目はト音記号だった。

　この作品を収録して2015年に発表されたマカーイの短編集『戦時の音楽』を通読すると、この作家にとって、自分自身の家族との関わりも含めて、過去と現在との関係を探求することが大きな主題になっていることが分かります。たとえば、フィクションなのかノンフィクションなのかの区別の判然としない短編がいくつか収録され、マカーイの家族、なかでも祖父が第二次世界大戦下のハンガリーで起きたユダヤ人迫害と虐殺にどこまで関与していたのか、それと現代のアメリカに生きる作家「私」との関わ

りはどうなっているのか、といった問いが発せられています。祖父母の代が戦争経験者である、という点では、僕もまったく同じ立場ですから、この問いとは無縁ではいられません。

　「赤を背景とした恋人たち」での、ユーモラスな楽聖のタイムスリップ物語も、過去と現在との関わりをめぐる主題にちょっとした遊び心を加える形で構想されていると思われます。なお、マカーイのこの短編は『Webでも考える人』のウェブサイトで全文公開されていますので、もし話の展開が知りたい方がおられましたら、そちらでも読んでいただけます。

II

応用編

1

いかにもアメリカ的な
スモールタウンの風景を訳す

マイケル・シズニージュウスキー
「ヒーローたちが町にやってきた」（2015）

　初めて男性作家の作品から選んでみることにします。作者は Michael Czyzniejewski. 発音が想像しづらい苗字ですが、「マイケル・シズニージュウスキー」として、日本では「フランケンシュタイン、ミイラに会う」という短編がひとつ、アンソロジーの『モンスターズ』（白水社、2014 年）に収められています。この苗字でシカゴ出身の作家ですから、ポーランド系のルーツを持つ作家であると考えて間違いないと思います。シカゴはポーランド系市民が百万人を超えるといわれる都市で、日本では『シカゴ育ち』がよく知られているスチュアート・ダイベックも、ポーランド系でシカゴ出身の作家です。野球チームのシカゴ・ホワイトソックスは、オーナーがポーランド系で選手もポーランド系ばかり、という時期があったりもします。

　そんなシズニージュウスキーには『シカゴ・ストーリーズ』（*Chicago Stories,* 2012）という短編集があって、シカゴゆかりの実在の有名人にまつわるフィクションが 40 編集められています。秀逸なのは、バラク・オバマ前大統領が、2029 年に大学の卒業式でスピーチをするという設定で、なぜかボウリングでパーフェクトゲームを達成したときのことをひたすら自慢げに語るという話です。つまりはこの作家は、ちょっとひねりの効いたユーモア精神の持ち主だ、ということになるでしょうか。ちなみにこの人は、シカゴ・カブスの本拠地リグレー・フィールドでビールを売る仕事を

していたりもします。

　そんなシズニージュウスキーが2015年に発表した短編集、『生涯あなたを愛することを誓います──破局短編集』（*I Will Love You for the Rest of My Life: Breakup Stories*）（メインタイトルに対してサブタイトルがツッコミを入れている格好になります）に収められた「ヒーローたちが町にやってきた」（"When the Heroes Came to Town"）の冒頭の部分を、本章の課題に選んでみました。アメリカの地方にある町に、ヒーローたちがどこからともなく現れて勝手に大活躍しますが、やがて彼らは前触れなく姿を消してしまい……という、4ページほどの短い物語です。以下は、その短編の書き出し2段落になります。

The consensus, among many of us, was that we were unimpressed. Before the heroes, things weren't that bad, and, depending on whom you asked, they were going pretty well. The county had just paid to have the throughway resurfaced, our boys had made it to the state semis, and business boomed at the tire factory up by the mall, which, in turn, made business boom at the mall as well. Everyone felt confident about the economy, the kids were getting into good colleges, and if a town with prettier women existed, we hadn't been there.

　　Which is why we scratched our heads when these heroes showed up, their jaws, their capes, their stoicism all in tow. We had to admit, their debut was a splash, putting the fire out at the tire factory. The dark cloud lifted after three days, the smell of soot and rot disappearing soon after. To boot, they maintained the integrity of the structure, limiting the shutdown to a mere week and a half. A few days later, they saved that kid who'd fallen into the quarry, too, not one of our boys, but a kid nonetheless. Not one of us could have squeezed into that drainage pipe, let alone pounded through the twenty solid

> feet of bedrock. Our hats were off. And tipped. Whether or not we could have fought off the supervillains and their giant mechanical attack birds isn't worth discussing. The talons alone were fourteen feet long, for chrissakes. We had to give them that one.

　後ろのほうになると、"our wives" や "our women" といった表現も出てきますから、語り手である "we" は町の成人男性たちだと考えていいと思います。

　それにしても、英語的な言い回しですとか、似た意味の単語の使い分けですとか、これまた難しそうな点には事欠かない文章です。しかもいろいろ話の展開が唐突なのですが、でも最初からそう書かれている作品なわけですから、訳せと言われれば取り組むしかありません。一見したところ「無茶振り」なタイプの物語だといえるでしょうか。

　本章の課題文を訳すにあたってのポイントは、大きく分ければ、①語り口調に対応する、②アメリカの「スモールタウン」文化を踏まえる、③ヒーロー物のお約束のイメージをしっかり守る、という3つになるだろうと思います。それぞれ、具体的な文章を見ながら考えていきたいと思います。

■ 1. 語り口調をどう設定するか

　課題文に関して連載時にいただいた質問で多かったのが、文中にいくつか出てくる "that" の意味するところがわからない、という点でした。たとえば2行目で "things weren't that bad" が出てきたり、第2段落の途中で "that kid" が前触れなしに登場したり、最後には "We had to give them that one." というセンテンスが出てきたりします。

　それぞれの "that" の使われ方や意味は違いますが、僕の見るところ、これらの "that" は「かなりくだけた、ざっくばらんな口調」の一環として使われています。

　たとえば、最初の "Before the heroes, things weren't <u>that</u> bad" のと

ころの "that" は、「それほど」という、程度を表す意味で使われています。その意味だけを考えるなら "so" で置き換えることもできます。そこにあえて "that" をあてることで、話し言葉としてのくだけた口調がもうひと回り強まっています。

ふたつ目の "that kid" は、初めての登場であるにもかかわらず "a" ではなく "that" が使われています。このことから分かるのは、語り手は「ある情報について、相手＝読み手も知っているという前提で、仲間同士のように語っている」という傾向です。

そして最後の "that" にあたる、"We had to give them that one." です。これも口語表現に近い形で、"them" は「ヒーローたち」を指し、"that one" は "credit" に近い意味で用いられていると思われます。つまり、"We had to give the heroes credit" だと考えれば、「ヒーローたちの手柄だということは認めざるをえなかった」となり、それまでの彼らの活躍を渋々ではあれ認めよう、という語り手の気持ちが、ざっくばらんな口調で綴られていることになります（その直前の "for chrissakes" も、もとは "for Christ's sake" がくだけた形になった感情表現の典型です）。

そう考えますと、かなりフランクな、「俺たち」という一人称が第一候補になるでしょうか。出だしの口調としては、「我々は感銘を受けていない、というのが一致した意見だった」というより、「俺たちの大方の意見としては、あんまり大したことないなってところだった」といったあたりの口調でスタートするとよさそうです。

■2. アメリカの「スモールタウン文化」について

舞台になるのが、どの州のどの町か、といった情報は一切ありません。とにかく、大都市ではなく、地方の小規模な町で、語り手は中高年くらいの男性たちらしい、という情報のみをヒントに進んでいくしかありません。

連載時の応募者のみなさんの訳文が大きく分かれた箇所がいくつかありましたが、その大きな理由のひとつが、アメリカ合衆国における「一般市民」をめぐる文化をどこまで踏まえるか、という問題です。

その典型的な例が、"our boys had made it to the state semis" という
箇所です。前後に何の手がかりもなく、ポンと放り出されるようにして登
場する表現ですが、翻訳の際には、"our boys" や "the state semis" が
具体的に何を指しているのか、ある程度見当をつけておく必要があります。
この場合、話題になっているのはスポーツ大会のことです。

　アメリカ合衆国には、地元の高校・大学のスポーツチームを応援する文
化が非常に根強くあります。日本で言うところの甲子園をめぐる文化をイ
メージしてもらえれば分かりやすいでしょうか。プロスポーツのチームが
すべての町にあるわけではありませんから、スポーツ熱と地元愛が向かう
先は、いきおい地元の学校のチームということになります。高校生のチー
ムは「町」単位で、大学生のチームはもうひと回り大きな「郡」や「州」
も含めて、熱心なファンを常に抱えているというのが、アメリカのアマチュ
アスポーツ文化です。

　アメリカ文学研究者であり、小説家・翻訳者でもある吉田恭子さんが、
創作科で有名なアイオワ大学のプログラムに招かれて現地に滞在したとき
のことを教えてくれました。大学にある巨大なフットボールスタジアムは、
収容定員がアイオワシティの人口よりも多いそうです。つまり、アイオワ
大学のフットボールチームが試合をするとなると、周辺地域から応援の人々
が大挙してやってくる、ということになります（それ以外の人が試合の日
に宿を確保することはほぼ不可能だそうです）。

　それを踏まえるなら、"*our* boys" というのは、「地元学校のチームの男
子たち」を指していると考えるのが妥当ですし、"the state semis" は "the
state championship semifinals" の略、すなわち「州大会の準決勝」を指
していると思われます。もちろん、スポーツ以外でもチームや大会は存在
するのですが、町をあげての応援を受けることになるのはたいていスポー
ツチームです。

　では、"our boys" が高校生なのか大学生なのかを特定することはでき
るでしょうか。文中でははっきりと述べられてはいないのですが、後で子
どもがひとり採石場に転落してしまったというくだりで、"not one of our
boys, but a kid" という表現が出てきます。つまり、「自分たちの息子では

ないが、子どもである」ということです。

　この表現から推測できるのは、地元チームの男子たちは語り手 "we" の「息子たち」でもあるということです。アメリカの典型的な少年少女たちの成長パターンは、高校までは地元で学び、それから全米各地にある大学に進学して地元を離れ、大人になっていく、というものです。大学チームは、こうして各地から集まった学生たちで構成されているので、「わが町の息子」のニュアンスをより色濃く含むのは、高校生の男子チームである可能性が高いでしょう（とはいえ、「高校」というところまで翻訳で特定する必要は今回はありません）。

　あとは、このチームが野球なのかバスケットボールなのかフットボールなのか、という疑問も湧いてきますが、文章でははっきりと特定できる気配はありませんし、州大会があるかないかも、州とスポーツによってまちまちのようです。ここはただ「チーム」としておくだけで、スポーツの特定までは踏み込まないほうがいいだろうと僕は思います。

■ 3.　ヒーロー物のお約束のイメージ

「わが町」に対する誇りを胸にみんなが生活している、そんな土地においては、「スモールタウン」に独特のヒロイズムが共有されていることも、課題文を理解するうえでは重要になります。都市（city）ではなく町（town）には、自分たちのことは自分たちでする、という DIY（Do-It-Yourself）のメンタリティーが色濃くあります。たとえば、家の浴室を新しくするとなっても、すぐに専門の業者に注文を入れるのではなく、店でバスタブを買って自分のピックアップトラックに積み込み、家に持って帰って自分で取り付けることを好むような気風です。

　他人任せにせず、自分の生活は自分で作って守っていく、という、アメリカの地方独特のメンタリティーは、ごく普通の一般人が「ヒーロー」であるという考えを生み出しています。映画『スーパーマン』の主人公クラーク・ケントが、カンザス州スモールヴィルで育つことは、その典型です。スモールタウンの人々にこそ、アメリカ的な生活を守るヒロイズムが宿っ

ているのだ、ということを、カンザス州の田舎の、「小さな町」を意味する
スモールヴィルという土地に暮らすスーパーマンは体現しているわけです。

　どこからともなく「ヒーローたち」がジャジャーンと登場したときの、
語り手"we"の困惑は、そこに起因しています。自分たちが「ささやかな
ヒーロー」として町を守ってきているのですから、それ以外にヒーローな
ど必要ないはずだからです。

　もうひとつ、アメリカのヒーローもので欠かせないのが、マントとマス
ク、そして、たくましい顎です。ここにも、文化的なイメージが関係して
います。顎ががっちりとしているかどうかが、「力強さ」のひとつの判断基
準になるからです。ですから、ヒーローは顔の下半分は必ず露出して、主
役にふさわしい強さをビジュアル面でもアピールしています。したがって、
"jaw"の訳は見た目の「たくましい顎」などが第一候補になります。

　ヒーロー像がこうして固まってきたら、あとは悪役の登場を待つだけ
になります。英語だと、ビーチ・ボーイズの曲にもあるように、"heroes
and villains"とワンセットのフレーズになっていますから、悪人たる
"villains"はどんなものか？と期待が高まります。そこに登場したのは"the
supervillains and their giant mechanical attack birds"で、これまた前後
の脈絡はまったくありません。

　ただの"villains"ではなく、"super"がついていますから、「超」悪人
なわけですが、日本語の語感でいえば「極悪」のほうでしょうか。加えて
複数形が使われていますので、それが伝わるように「集団」なんかを入れ
る必要もあります。その悪役（たち）が駆使するのは"giant mechanical
attack birds"で、これまた悩みどころです。巨大で、機械の、襲撃する鳥、
ということですから、かなり大型の猛禽類のメカ、というイメージでいい
と思います。どれくらい大型かといえば、かぎ爪だけで14フィート、すな
わち4メートル強だった、ということです。これまた前触れなく襲ってき
たこの悪の化身たちに、スモールタウンの生身の"we"が太刀打ちできる
かといえば、それはまず無理なわけで、撃退してみせたヒーローたちは確
かにすごいよ、という語り手の心情につながっています。となると、冒頭
の「でも大したことないよな」という言葉とあからさまに矛盾してくるの

ですが、そこは語り手の精一杯の意地というか自己主張だと考えるほうがいいのかもしれません。

■ 4. 英語表現をめぐって

　文法的な解釈の違いによって、応募の翻訳が分かれた箇所もありました。第1段落最後の "and if a town with prettier women existed, we hadn't been there." という部分です。どんな訳が出たのか、いくつかご紹介します。

・仮にもっと美人の多い町があったとしても、引っ越すことはなかっただろう。
・この町の女どももよりイイ女は他の町でお目にかかることはなかった。
・女たちも最高に輝いていて、オレたちは夢中だったな。
・これできれいな女の子のいる町でもあれば、言うことないのだけれど。

　僕は2番目と3番目の訳のあたりに近いだろうと考えています。
　この部分を直訳するなら、「もし、もっとかわいい女たちのいる町があったなら、俺たちはそこには行ったことがなかった」となります。ただし、英語の文章ではよくあるように、この "if" は "even if" の意味で登場していますから、より正確には「〜の町があったとしても」になります。
　町があったとしても、という「仮定」の部分、および語り全体が過去形ですから、語り手 "we" が、人生でそこには行ったことがないという後半の部分は、"have never been there" からひとつ過去にずれて過去完了の "hadn't been there" となっていることになります。「もし、もっとかわいい女たちのいる町があったとしても、俺たちはそこには行ったことがなかった」が、意味としては一番忠実な訳になるでしょうか。
　ですが、それだと何が言いたいのか、少し曖昧になってしまいます。つまりは、「この町の外にはもっといい場所があるのかもしれない」という情報に加えて「だが自分たちはここの生活で満足していた」ということが、もうひと回りダイレクトに伝わるほうがいいのではないかと思います。た

II
応用編

とえば、こんな感じではどうでしょうか。

> 他のところがどうだか知らないが、町の女たちは美人ぞろいだった。

　また、課題文でかなり紛らわしいのが、"not one of our boys, but a kid nonetheless" というくだりです。ここでの "boy" と "kid" はどう違うのか？ということで、かなり頭を悩まされた方が多かったようです。「町の子ども」と「ほかの町の子ども」の区別と解釈されているケースが一番多かったでしょうか。

　ただし、この作品の舞台になる町とは別の町があるという描写は一切出てきません。それに加えて、最初に登場する "our boys" は「地元学校の男子チーム」だと思われますから、"a kid" は（自慢の）子どもとまではいかないが、それでも自分たちの町の若者であり、それを助けてもらって感謝せざるをえない、という文章の流れになっていると考えるほうが自然ではないかと僕は考えています。

　そんな活躍を見せられた "we" は、"Our hats were off. And tipped." と言います。これは2種類の英語の言い回し、① "hats off to..." と② "tip one's hats to..." をちょっと崩した形です。①は日本語にもある「脱帽」、②は帽子に触れて「相手に敬意を表する」というイディオムになります。

　その他、訳しづらいなあと僕が常々思っているのが、課題文冒頭の "things" です。人を取り巻く状況一般を指す複数形ですが、「状況」とすると、せっかく原文が簡単な単語を選んでいることが反映されないし、「生活」よりはもうちょっと広い意味合いのような気もするし……と思っていたところ、「暮らし向き」と訳されている方がおられて、そうか！と納得しました。どうもありがとうございました。

■ 5. 学生訳

　それでは、学生訳をご紹介します。正確さと口調の設定がうまくかみ合っていて、見事な出来です。

【田島夏樹さんの訳文】

　おれたちの大半が、大したことないな、と思っていた。ヒーローたちがやって来る前だって、暮らしはそんなに悪くはなかったし、聞く相手によっては、結構良かったんだ。郡から金が出たばかりで、高速道路の舗装を新しくできたし、地元校の男子チームは州大会の準決勝まで行ったし、ショッピングモールの近くにあるタイヤ工場の業績が良くて、おかげでショッピングモールも繁盛していた。みんな景気は絶対にいいって思っていたし、子どもたちは良い大学に入っていた。ここよりきれいな女がいる町があるとしたら、ちょっとお目に掛かりたいぐらいだったよ。

　そんな調子だから、あのヒーローたちが現れたときは、頭をポリポリかいちまった。ごつい顎にマント、それからあのストイックさ。何から何までそろってたね。確かに、度肝を抜かれるような登場ではあったよ、タイヤ工場の火事を消したんだから。3日後には暗い雲が散って、すすけた嫌な臭いもすぐに消えた。おまけに、やつらのおかげで建物の骨組みは無傷だったから、工場の閉鎖は10日ぐらいで済んだわけだ。数日後、今度は採石場の穴に落ちたガキを助け出した。おれたちの子じゃないが、ガキにはちがいない。おれたちじゃ排水管に無理やり入り込めるわけがないし、ましてや6メートルもある岩盤をぶっ壊して通り抜けるなんてとてもじゃないけど無理な話だ。まさに脱帽だよ。恐れ入ったね。極悪人どもや、そいつらが操るばかでかい鳥型の戦闘ロボだって、おれたちに太刀打ちできたかっていうと、そもそもお話にもならないよ。まったく、爪だけで4メートルはあったからな。あれもヒーローたちのお手柄ってことにしてやる羽目になった。

もう1点のほうもご紹介したく思います。

【森本ひろこさんの訳文】

　別にたいしたことない、というのが大方の住人の感想だった。ヒーローがやってくる前だってそんなに不満はなかったし、人によってはむしろ順風満帆だったと言うだろう。高速道路の修繕工事に郡から予算が下りたばかりだし、町の少年たちのチームは州大会の準決勝まで勝ち進んだし、商店街のそばのタイヤ工場は売上好調で、おかげで商店街もにぎわっていた。誰が見ても町の景気は良好で、子どもらはいい大学に進学していたし、おまけに町の女たちはほかじゃお目にかかれないほど美人ぞろいだった。

　だから、このヒーローたちが、ヒーロー然としたアゴとマントと正義論をひっさげて登場したときは、ぽりぽりと頭をかいちまったね。たしかに、やつらのデビューが派手だったのは認めるよ。なんせタイヤ工場の火事を消し止めたんだ。3日後には黒い煙も消え、ほどなく焦げてすえたような匂いもしなくなった。建物自体は無傷で守られたから、たった1週間半休んだだけで工場は操業を再開できた。それから数日後、やつら今度は採石場に落っこちた子どもを救ったんだ。町の子じゃなかったけど、子どもには変わりない。おれたちはあの配水管に体をねじ込むことすらできなかったし、まして岩盤の中を20フィートも這って進むなんて到底無理な話だ。脱帽だよ。感服した。それに、あの悪党どもと巨大鳥型ロボの襲来を、おれたち町人だけで撃退できたはずもない。そのロボときたら、かぎ爪だけで14フィートもあったんだ。まったく、こうなったらヒーローたちにお任せするしかない。

■6.　藤井による訳例

続きまして、僕が作ってみた訳文を……。

> 　あんまり大したことないなってのが、俺たちの大方の意見だった。ヒーローたちがやってくる前だって、別にひどい暮らしじゃなかった

し、けっこう良かったって言うやつだっているだろう。郡は高速道路を舗装し直すお金を出したところだったし、息子たちのチームは州大会の準決勝に進出、そしてショッピングセンターのそばにあるタイヤ工場の商売は繁盛していて、そのおかげでショッピングセンターの商売も繁盛していた。景気はこの先も明るいとみんな思ってたし、子どもたちはいい大学に進学してたし、他のところがどうだか知らないが、町の女たちは美人ぞろいだった。

　そんなわけで、あいつらヒーローが現れて、たくましいあごとマント、おまけに無口で無欲な姿を披露したとき、俺たちは心底困ってしまった。まあ確かに、ド派手な登場だったよ。タイヤ工場の火事を消してみせたんだから。空を覆う黒煙は3日で晴れたし、タイヤが焦げた臭いも煤の臭いもじきに消えた。おまけに、あいつらは工場の建物自体は無傷で守ってみせたから、閉鎖は10日だけで済んだ。それから数日後、今度は採石場に転落したあのガキを救出してみせた。町自慢のチームのひとりじゃないとはいったって、ガキはガキだ。あの排水管に体をねじ込めるかと言われたら、俺たちみんなお手上げなわけだから、そこから6メートルも続く硬い岩盤を砕いて進んでいけるわけがない。俺たちは脱帽した。敬礼した。あの極悪集団が操る巨大な猛禽ロボの群れを俺たちが撃退できたかなんて、口にするのもおこがましい。なんたって、鳥の爪だけで4メートル以上あったんだ。確かに、あいつらの活躍はすごかったよ。

　スモールタウンの典型的な風景を借りて、ただしリアルに描写することは避けて、ちょっとしたマンガのような物語の舞台に変えてみせる。いかにも現代作家の手つきだと言っていいでしょう。ただし、それを書いているシズニージュウスキー本人は大都市シカゴを拠点とする作家なわけです。そこに大都市と地方のあいだに広がりつつある断絶を見て取ることもできるかもしれません。大都市の人間は、もはや地方のスモールタウンを「リアル」に想像できないのではないか、という問題と、この想像力の発揮の仕方はつながっているからです。

1　いかにもアメリカ的なスモールタウンの風景を訳す

II
応用編

　多少単純化してしまうことにはなりますが、目下のアメリカ社会は、ニューヨークやサンフランシスコ周辺や、テキサス州オースティンなどをはじめとして、グローバル経済を牽引する都市圏と、それ以外の地方との格差が広がりつつあります。そして、都市圏はリベラル層、地方は保守層と価値観も大きく乖離してきているのが現状です。そして「置いていかれる」という地方の焦燥感にアピールして誕生したのが、ドナルド・トランプ大統領でした。目下のところ、経済好調な都市圏と、それ以外の地方が何らかの形で一体性を持つ気配はありません（都市それ自体にも、内部に貧困地域を抱え、いつでもそれを切り捨てる構造になっているという問題があります）。

　こうした背景を踏まえて、小さな町で人生の喜怒哀楽を経験する人々を描く、というアメリカ文学の伝統は、入念なリサーチよりは自分なりの想像世界を作るという作風にやや押されがちになっています。スモールタウンの「私たち」と大都市の「私たち」が、それぞれ違う物語を生きているのだとすれば、その先にどんな物語を紡いでいけるのか、それが今世紀のアメリカ小説の課題になっていきそうです。

2

比喩表現をどう訳すか

レスリー・ンネカ・アリマー
「戦争の思い出話」（2017）

　本章の課題文は、アメリカの風景からかなり離れた場所が舞台です。作者はイギリス生まれナイジェリア育ちの女性作家、レスリー・ンネカ・アリマー（Lesley Nneka Arimah）で、2017年に『男がひとり、空から落ちてくるというのは』（*What It Means When a Man Falls from the Sky*）という短編集でデビューをしています。

　ナイジェリアにルーツを持つ作家の存在感を抜きに、21世紀の英語文学は語れません。元英国領で英語が使用言語のひとつである地域から作家が出てくるという、もうひと回り大きなくくりで考えるなら、1980年代初めにはインドからサルマン・ラシュディ（『真夜中の子どもたち』など）が登場し、その後スリランカからマイケル・オンダーチェ（『アニルの亡霊』など）、パキスタンからはモーシン・ハミッド（『コウモリの見た夢』など）といった作家たちが日本でも翻訳されています。ナイジェリアから登場した最大のスターは『アメリカーナ』などの小説だけでなくフェミニストとしての影響力も大きいチママンダ・ンゴズィ・アディーチェで、ほかにもテジュ・コールの『オープン・シティ』も日本で翻訳されています。アリマーはこうしたなかでデビューを飾りました。

　課題は、彼女の短編集に収録されている「戦争の思い出話」（"War Stories"）という物語の、冒頭近くを選んでみました。主人公は12歳のナイジェリア人少女ンワンドで、両親と3人で暮らしています。家にはかつ

て、エマニュエルという父の昔からの友達がよく訪ねてきて、ンワンドも
なついていましたが、物語の冒頭から、何かがあってエマニュエルは死ん
でしまったらしいという悲劇が仄めかされています。

　ンワンドが通っている小学校でまずリーダー的に振る舞おうとするの
が、課題文冒頭にも名前の出てくるアニタです。ブラジャーをロンドンで
買ってきてもらった、と自慢するアニタは、「女の子クラブ」を作り、ブラ
ジャーを着けている子だけが入れる（そして、一番いいブラジャーを着け
ている自分が自動的に一番偉くなれる）という決まりを言い渡します。み
んなはそれに従うほかないのですが、ンワンドだけは、じゃあアニタがど
んなブラジャーを着けているのか見てみようと、シャツの首もとをつかん
で覗き込んでみます。すると、言い出しっぺのはずのアニタは、実はブラ
ジャーをしていなかったことが判明します。

　クラスメイトに対する失礼な振る舞いだということで、アニタの母親が
ンワンドの家に乗り込んできて、ンワンドはこってり絞られます。その後、
チェス盤を挟んで、彼女の父親が、「自分が12歳で兵士だったときのこ
と」というお話をしてくれます。その物語が教育的なのかそうでないのか、
ちょっと測りがたいところも、この作品の独特の魅力です。

　さて、翌日になってンワンドが学校に行ってみると、女の子たちの力関
係は一変していました。嘘がばれたアニタが失脚し、それに代わってンワ
ンドがみんなの憧れになっていたのです。ということは、彼女が今度はリー
ダーとして振る舞わねばならないのですが、うまくできるでしょうか……。
というところから、課題文は始まります。

I resisted the urge to walk over to Anita and went instead to the
cluster of girls who awaited my command. We sat in a circle
looking at each other. I was seated on a crate that had once
held soft drinks. Damaris Ndibe, who had installed herself as
my second in command, dragged a smaller girl forward and
stood her in front of me.

　"She lied about the job her older brother got." It took me a minute to realize that I was supposed to get this right somehow. The incident with Anita made me the purveyor of vigilante schoolyard justice, but I'd lost my taste for truth.

I stalled for time.

"What's your brother's name?"

"Emmanuel," she whispered, and though it wasn't *my* Emmanuel, something about the way she said his name, a trigger in her inflection, brought it rushing back. Emmanuel's vigorous laughter, the way he ruffled my hair and pulled up my braids in a bid to make me taller. The way he bartered stories and wit with my father. His growing moroseness, his angry outbursts, the crying that followed. My mother would pull me away from where I eavesdropped and put me to bed. After Emmanuel left, I'd hear them argue, my mother's raised voice saying, "It isn't right, Azike, he isn't right. I don't want him here." But the next week he'd be here again and sometimes he'd be okay and sometimes he wouldn't, and sometimes he'd pull my braids and sometimes he wouldn't, but he was always there. Until he wasn't.

Something pooled in my fist and it itched, then intensified to a stabbing pain I couldn't shake off. I punched the lying girl's face.

Damaris was the first deserter. She led away the bleeding, shell-shocked girl, sneering over her shoulder. Others followed with rolled eyes and whispered insults. By the end of the day, I was a queen with no pawns.

　この文章で重要なポイントとしては、①語り口をどうするか、といういつもの問題のほかに、②比喩表現をどう翻訳するか、③行為の能動・受動をはっきりと区別する、④仕草やコミュニケーション関連の表現をうまく日本語に移し変える、といったあたりが挙げられると思います。

■ 1.　語り口に関して

II
応用編

　語り口をどうするのか悩んだ、というコメントを連載時にはいくつかいただきました。確かに、会話だけでなく地の文でも 12 歳の女の子の口調を選ぶと、ややひらがな過多になって読みづらくなる可能性はありますし、そもそも 12 歳の女の子はどんなふうに語るものなのか、という問題も出てきます（えてして、大人の考える子ども口調よりも実際の子どもは冷静に話していたりします）。

　今回の地の文での語り口の設定に関しては、冷静な大人の口調に近い語りがいいだろうと僕は考えています。その大きな理由としては、①語りが過去形で進行していること、②子どもの語りからやや離れた単語が選ばれていること、のふたつです。

　過去形で語っているということは、一人称の語りであっても、語られている自分と語っている自分とのあいだにある程度の隔たりがあることを意味します。語られている自分が 12 歳であることは情報として提示されていますが、語っている自分は、それから何年後の時点から当時を振り返っているのか、特定できる情報はありません。とはいえ、学校で自分が巻き起こした騒動の一幕を完全に客観視して、みずからをチェスの駒にたとえてみせるわけですから、それなりに精神的に成熟した視点からの語り手だと想定していいと思います。

　第二に、たとえば、"the purveyor of vigilante schoolyard justice" という言葉は、12 歳の語り手を想定したときにはなかなか出てきません（ちなみに "purveyor" なんかは僕もあまり見ない単語だったので辞書を引いて確かめました）。本人たちは大真面目に秩序を守ろうとしている、でも大人になってから考えてみれば、ちょっと独善的だった、というギャップが、わざと仰々しい単語を使って表現されていることになるでしょうか。

　そうはいっても、後半部分で "sometimes he'd be okay and sometimes he wouldn't" と言っているあたりは、簡単な語彙を前に出して、その当時の主人公が抱いていた感覚に近い雰囲気を出そうとしているとも思えるので、そのあたりには気を配る必要がありそうです。基本的にはやや大人び

た冷静な口調で、でもときおりは当時の感覚を代弁する子どもっぽい言葉が混じる、という語り口になるでしょうか。

そうしますと、語り手の "I" をどうするのかという、英語にはない悩みどころに関しては、「わたし」が第一候補になるでしょうか。これがもし、過去形ではなく現在形の語りなら（つまりは、語っているのも 12 歳なら）、「あたし」なんかが使われても全然おかしくはありません。

■ 2.　比喩表現を拾う

課題文の特徴は、比喩として軍隊の用語がわりと頻繁に使われている点にあります。これは作品のタイトルが "War Stories" であって、主人公の父親もエマニュエルも兵役経験者であることを、語り口調にも反映しているものと思われます。

たとえば冒頭の 1 文では、最後の "my command" が戦争用語を借用した例になっています。ですので、ここは「指示」というよりは「指令」あるいは「命令」という訳語をあてるほうが、原文の特徴をより活かすことができます。ダマリスという女の子を説明するときに出てくる "my second in command" も、その流れで出てくる用語です。軍事的なニュアンスを残すということであれば、ここは「副司令官」や「副官」あたりがよさそうです。

そうした用語などの比喩が集中しているのが、最後の段落になります。まず、"Damaris was the first deserter." という出だしです。これを連載時にみなさんがどう訳したのか、いくつか例を見てみます。

・最初に立ち去ったのはダマリスだった。
・ダマリスが最初に役を降りた。
・ダマリスが最初に私を見捨てた。
・ダマリスはまっさきに離反した。
・ダマリスが最初の脱走兵だった。

ここでのポイントは、"deserter" を文字通り訳すべきか、それともその単語が意味する「グループを抜けた」というニュアンスのほうを拾うべきか、どちらを選択するのかという点です。判断の材料としては、"command" という軍事用語が先に繰り返されていますから、ここもその特徴を重視して、「脱走兵」あたりの語を使うべき箇所だろうと思います。

続いて、殴られた女の子を描写する形容詞 "shell-shocked" も、第一次世界大戦後に大きな注目を浴びた兵士の「シェルショック」あるいは「砲弾ショック」という比喩を使っている箇所ですから、翻訳にもその表現をうまく使用できれば、より忠実な訳になっていくかと思います。

女の子のグループを形容するときの、先ほど出た "the purveyor of vigilante schoolyard justice" という表現も、なかなか独特です。堅い単語がずらりと並んでいるわけですが、翻訳に際しては、直訳と意訳のどちらを選ぶべきでしょうか。連載時にみなさんから寄せられた案のいくつかを抜き出してみます。

・先生なんかに頼らずに悪い子をお仕置きして、学校のみんなの正義を
　守るひと
・学校の正義の番人
・校庭の自警団団長
・学校内の不正を取り締まる自警団のお抱え団長

短い意訳も直訳もあれば、長い意訳も直訳もありえるので難しい箇所です。先ほど触れたように、子どもたちが内輪で揉め事を解決しようとするときの真面目さをちょっと皮肉った言葉遣いなので、意訳にするにせよ直訳調を選ぶにせよ、堅い言葉遣いを保持して翻訳するほうが、原文の意図を汲み取れるだろうと僕は思います。

ここの単語についていえば、"the purveyor" は「調達者」あるいは「御用達」といった訳語が辞書に載っていますが、どちらも、より上位の人に対して奉仕するというニュアンスを含みますから、裁きを任されている主人公の女の子とはちょっとかみ合いが悪そうです。そこだけは意訳に頼っ

て「仕切り役」あたりが近いかなという気がします。

　もうひとつ、"justice"（2018年にはメリアム・ウェブスター辞典の「今年の単語」になりました）は「正義」でも「裁判」でもありえます。この場面では、女の子たちが善悪の判断を自分たちでつけるための擬似法廷のような集会を開いている様子が描かれているわけですから、「法廷」という単語を使用するのもありではないかと思います。

　そうしますと、「校庭自警団法廷の仕切り役」といったあたりの表現が候補になるでしょうか。深刻なような、でも安っぽいような、どうにもちぐはぐな感じが出れば、原文の狙いはそれなりに活かせるでしょう。

　そのほかにも、最終段落は、"I was a queen with no pawns."という、自分をチェスの駒に喩えた表現で締めくくられます。ここも、たとえば「手下のいない女王」とすると、実際の女王の話なのかチェスのクイーンの話なのかが見分けがつかなくなります。別の場面で主人公は父親と何度もチェスをしていますから、チェスのことだと理解してもらえるように、「ポーン」と「クイーン」という言葉は残しておくほうがいいだろうと僕は思っています。

　ちなみに、比喩であることを示すために「～みたいに」あるいは「～のように」という表現を加えて、「わたしは～のようだった」とする案もありました。ただし、「わたしはポーンのいないクイーンだった」という端的な表現でも比喩としての役割は十分に果たせていますし、比喩であることを翻訳がことさらに強調しないほうが、一見して唐突に出てきた表現を読み手がときほぐして味わってもらう余地が出るだろうと思います。

■ 3.　自発的行為と成り行きを区別する

　最初の段落には、主人公とダマリスのふたりの行動が記述されています。この部分を翻訳する際には、一連の行動が自発的なものか、それとも成り行きで行動している受け身のものなのかを区別しておく必要があるかと思います。

　まずは、3つ目のセンテンスにあたる"I was seated on a crate that had

once held soft drinks." です。ここが "I sat on a crate 〜" という形ではなく受動態になっているのは、「わたしが自分から木箱に座った」のではなく、「わたしには木箱が用意されていた」という、その場の成り行きを示すためだと思われます。みずから望んだわけではないのに、気がつけば女の子グループのリーダーになっていた、そんな展開に対する主人公の驚きが込められているといえます。

　したがって、翻訳では「座った」や「腰掛けた」とはちょっと違う方向性を考えてみる必要はありそうです。かといって、「座らされた」では、主人公が立場的に弱いような印象を与えてしまいかねないので、その中間くらいの表現で、「〜がわたしの席だった」という形なんかが、すでに自分の場所（＝地位）が決まっていたというニュアンスをうまく伝えてくれるかもしれません。

　続いて、"Damaris Ndibe, who had installed herself as my second in command" はどうでしょうか。ここでのダマリスは、グループの第２位という地位に「任命された」のではなく、直訳すれば「彼女自身を据え付けた」わけですから、主人公と違ってみずからその地位に収まったというニュアンスが、「他動詞＋herself」という組み合わせで表現されています。せっかくですので、連載時にみなさんからどんな訳の候補が出されたのか、いくつかピックアップしてみます。

・私のナンバー２を自ら名乗り出た

・私の参謀役にちゃっかりおさまった

・わたしの右腕役を買って出た

・副司令官の座に収まった

・勝手に腹心になったつもりの

　この場面は、ダマリスという女の子が「わたしがナンバー２ね」と声に出して言ったわけではなく、気がつけばそれっぽく振る舞っている、という状況だと思われますから、ダマリスが勝手に動いている、という能動的なニュアンスを強める必要があります。「なったつもり」、「収まった」、

「買って出た」といった訳は、そのあたりの意味合いをうまく反映してくれています。

そのダマリスが引っ張り出してきた女の子のついた「嘘」について、主人公の反応は、"It took me a minute to realize that I was supposed to get this right somehow." と表現されています。ここで "be supposed to" という受動態が使われていること自体は、さして珍しくはありません。ただし、成り行きに翻弄されているという主人公の状態を引き続き踏まえた訳であるほうが、彼女の戸惑いをうまく表現できるかと思います。そうしますと、「わたしは〜ということになっていた」などが、本人の意思とは無関係に降って湧いた役に戸惑う感じが出るでしょうか。

■ 4. 仕草やコミュニケーションの表現

文中にエマニュエルの記憶を語る箇所など、ちょっとした仕草やコミュニケーションに関する表現がいくつか出てきています。連載時にはみなさんの訳がわりあい分かれた箇所もありますので、そのあたりを中心に見ていきたいと思います。

まず、"Emmanuel's vigorous laughter, the way he ruffled my hair and pulled up my braids in a bid to make me taller." というセンテンスについてです。これは名詞句がふたつで1文となっていて、「主語＋動詞」という形にはなっていませんから、特に後半の "the way..." のあたりをどう訳すのかも少し考えなければならない箇所です。実際に寄せていただいた訳文をいくつか見てみます。

- ・どんなふうにあたしの髪をくしゃくしゃにしたり、あたしの背を伸ばそうとして三つ編みを引っぱり上げたりしたかってこと。
- ・あたしの髪の毛をいじりながら背を高くしてやろうかと言って、三つ編みを引っ張り上げる仕草。
- ・わたしの髪の毛をクシャクシャにしたり、わたしの背を高く見せようとして編んだ髪を引っ張り上げたりするしぐさ。

Ⅱ
応用編

"The way..." という表現は、「〜した仕草」でも「〜したこと」でもあり
えます。ただ、三つ編みの髪を引っ張り上げる、ということが動作になる
と、エマニュエルの具体的な体の動きにフォーカスがあるというよりは、
エマニュエルからそれをしてもらったという「思い出」のほうが強く前に
出ていると思われますから、「仕草」よりも「こと」や「ところ」という、
ややぼんやりした形で受けるほうが、文意には近いかもしれません。

　同じことは、それに続く "The way he bartered stories and wit with
my father." という文にもあてはまります。前の文との続きで、ここも「〜
したこと」にすると、同じ表現の反復を効果的に残せるところです。直訳
すると、「わたしの父さんと物語やウィットを交換していたこと」になるの
ですが、それだと意味が分かりづらいかもしれません。みなさんからは、
「父とのウィットを交えての会話」や「お父さんといろいろな話や冗談を言
い合っているところ」、あるいは「父とあることないこと語り合う」といっ
た案が寄せられました。どれもなるほどなあと納得させられます。正解を
出すというよりは、それにもうひとつ案を付け加えるというつもりで、僕
は「父さんとの軽妙なやりとり」としてみました。

　もうひとつ、"in a bid to..." というフレーズは、「〜しようと試みて」と
いう意味が通常の辞書に載っています。ここでも、「わたしの背を高くし
ようとして」という意味で間違いではないのですが、実際の場面を想像する
に、エマニュエルが冗談半分に、主人公の背が高くなるようにと言って、
三つ編みの髪を上に引っ張ってあげていた（そうすると体が上に伸びると
いう論理）と思われますから、「〜しようとして」というよりも、「〜して
やるよと言って」など、冗談好きのエマニュエルの性格を反映した形にす
ると、ひと回り場面が生き生きとしてくると思います。

　場面は校庭に戻って、主人公はそんな喪失感に襲われて、どう対応して
いいのか分からず、目の前にいた女の子の鼻を殴ってしまいます。新リー
ダーからどんな判決が下されるかと思っていたら、まさかの暴力制裁だっ
たわけで、それを目の当たりにした女の子たちが一気に離れていく様子
は、（殴られた子には気の毒ですが）なかなかユーモラスです。その場面
で、"Others followed with rolled eyes and whispered insults." というセ

ンテンスが登場します。第Ⅰ部第4章でも触れた表現ですが、この "rolled eyes" はどう訳したものでしょうか。

　英語の小説で仕草の表現として頻出する "roll one's eyes" は、眼球をぐるりと回転させるという実際の動きをそのまま日本語に翻訳しても、どのような感情表現なのかが伝わりづらい例として、よく議論に出てきます。これが "shrug" であれば、「肩をすくめる」でもそれなりに伝わるのですが、この目の動きは日本文化にはいまだに普及していませんので、別の表現を探すほかないと思います。ということで、連載時にみなさんからいただいた案をいくつか見てみます。

・あきれた表情をして
・目を見交わし
・目をむいて
・目を泳がせながら
・目を丸くして
・目をギョロつかせて

　目は口ほどに物を言う、という通り、目にまつわる表現は日本語にもなかなか豊富です。場面を考えれば、「驚き」というよりは「呆れ」という感情がより正確だろうと思われますので、「呆れた目になって」あたりが第一候補になるでしょうか。

■ 5.　そのほかの表現

　そのほかの特徴としては、反復の表現があちこちで使用されていることが挙げられます。一番代表的な例は、エマニュエルが家に来ていたころのことを回想するくだりでの、"But the next week he'd be here again and sometimes he'd be okay and sometimes he wouldn't, and sometimes he'd pull my braids and sometimes he wouldn't, but he was always there." という文です。特に、"sometimes he'd be okay and sometimes

he wouldn't" は、ほかの部分と比べてやや平易な単語が使用されています
し、"okay" にどの言葉をあてるのかが鍵になりそうです。みなさんから
は、「大丈夫な時もあれば大丈夫じゃない時もあり」、「時には機嫌よく、ま
た時にはそうでなく」、あるいは「調子がいいときもあればそうじゃないと
きもあった」といった案をいただきました。僕は小さな子がいろんな文脈
で使う語として「大丈夫」がいいかなと思っています。

この直後に、"Until he wasn't." という短い文が続きます。一貫して思い
出だけを語っている主人公の心情が、もっとも言葉の表面近くまでせり上
がってきている箇所だと思われます。自分がなついていたエマニュエルと
いう人を失ってしまった喪失のやるせなさが、この3単語に込められてい
るわけなので、翻訳では、それが透けて見えるように訳し、でもあまりあ
からさまに感情を代弁しないように気をつけるというバランスを考える必
要があります。連載時に寄せられた訳をいくつか挙げさせてもらうと、以
下のような感じです。

・そこにいなくなるまで。
・いなくなってしまうまで。
・いなくなる日が来るまでは。
・そして突然居なくなった。
・ある日いなくなる時まで。
・やがていなくなってしまったけれど。
・いなくなるまでずっと。

「〜まで」という形を選ばれていた人がほとんどでした。"Until" がある
ので当然といえば当然ですが、僕はここは、「〜まで」というニュアンスは
やや弱いかと思います。「〜まで」とすれば、「いなくなるまでそこにいた」
という、後半部分の「そこにいた」という意味合いに比重が置かれ、喪失
感がわずかに弱くなってしまう気がするからです。それよりは、たとえば
「やがて〜」や「そのうちに〜」という形にするほうが、「かつてはいたの
に、やがていなくなった」という、不在のほうによりはっきりと焦点をあ

110

てることができると思います。そうしたことを踏まえ、僕の案では、"until" を逆説の接続詞として翻訳して、「でも、いなくなってしまった」としてみました。

　最後のセンテンスに出てくる "By the end of the day" というフレーズにも、ちょっとばかり注意が必要かもしれません。「その日の終わりには」あるいは「その日が終わるころには」という訳が一番出やすいですし、それで間違いではありませんが、日本語の「日」と英語の "day" は、必ずしも同じ時間帯を指すわけではないからです（このあたりは、"evening" とは一日のいつごろを指すのかという第Ⅰ部第1章の問題ともリンクしています）。「その日の終わり」だと夜あたりがイメージされる可能性もありますが、原文の "the end of the day" が指しているのは、「日中の主な活動の終わりごろ」つまりは学校が終わるころです。ですから、そのあたりを厳密に汲み取るなら、「学校が終わるころには」あるいは「放課後になってみれば」あたりになるでしょうか。

■ 6.　質問に関して

　ここまでの解説ではカバーできなかったご質問がふたつありましたので、それについても簡単に触れられたらと思います。

　まず、「人名をカタカナ表記に翻訳するときは、どのように調べたらよいでしょうか？」というご質問をいただきました。Ndibe にせよ Azike にせよ、どういった表記にすべきかは悩ましいところですね。たとえば英語からフランス語への翻訳であれば、名前はアルファベットそのままの表記で何の問題もないわけですから、仏訳者とか独訳者は楽ができていいよな、と思う瞬間は僕にもあります。そんな僕はかつて、フランス人の名前の一部を「テュ」と翻訳したところ、実は「トゥ」だったと後で分かったという恥ずかしい思いもしました。

　わりとよくある名前であれば、インターネットから日本語表記のサンプルを拾ってくることはできます（ただし、それが不正確だというケースは無数にあります）。親切なサイトであれば、発音の音声ファイルを再生で

きることもあります。それ以外では、同じ国・言語圏出身の有名人の名前から、ある種の表記の「パターン」を見つけて応用する、という手がありえるでしょうか。たとえば Ndibe であれば、ナイジェリア出身の作家 Chimamanda Ngozi Adichie が「チママンダ・ンゴズィ・アディーチェ」という表記ですから、N は「ン」であり、おそらくはローマ字読みに近い表記がナイジェリアの人名としてふさわしいのだろうというところまでは判断できるだろうと思います。とはいえ "zi" が「ジ」ではなく「ズィ」ですから、Azike という名前は「アジケ」より「アズィケ」の可能性が高いかもしれません。とはいえ、どちらも素人の推測でしかないので、最後には作家本人なりナイジェリア語に詳しい人に発音を確かめるという作業が必要になってきます。

　もうひとつ、「原文の太字は同じように太字とすべきでしょうか」という質問をいただいています。原文が太字だったり斜体だったりして、そこを強調することで独特の意味合いを持たせようとしている場合、翻訳はどうすべきかという問題です。課題文ですと、"*my* Emmanuel" という表現がそれにあたります。

　僕はかつては傍点を使用していましたが、最近は傍点をあまり使わないようにしています。理由としては、英語はわりと頻繁に強調を使用しますが、それに比べて日本語の文章はそれほど頻繁には強調表現を使わないように感じるからです。あまり慣れない傍点を使って、そのニュアンスは汲み取ってください、と読み手に任せてしまうよりは、強調すべき情報が文章のなかで浮かび上がるように少し解きほぐして訳すほうがいいケースというのは多々あります。"*my* Emmanuel" について言えば、「わたしのエマニュエル」として「わたしの」に傍点をふることも可能ですが、傍点なしで「わたしが知っているエマニュエル」と訳すほうが、文章としてはよりきれいなのではないかと思います。とはいえ、訳者があまり説明をしすぎると興ざめしてしまう危険もあるので、このあたりのさじ加減には僕はいつも頭を悩ませます。

■ 7. 学生訳

　それでは、学生訳を3点紹介します。どれも全体の正確さもさることながら、軍事用語の比喩を正確にとらえて翻訳されています。

【滝野沢友理さんの訳文】

　　わたしはアニタに歩み寄りたい気持ちをおさえて、わたしからの指令を待っている女子の一団の方に向かった。お互いが見えるような形で、輪になって座った。わたしが座ったのは、もともとは清涼飲料水が入っていた木箱の上だった。副司令官の座に収まったダマリス・ンディベが、小柄な女の子をひとりひっぱってきて、わたしの正面に立たせた。

「この子はお兄さんの仕事のことで嘘をついたんです」少したってからやっと、この場を何とかするのが自分の役目なのだということに思い至った。アニタとの一件以来、わたしは校内に正義をもたらす自衛団長に就任してしまったけれど、真実を求める気持ちはとうに失せていた。

　　時間稼ぎをすることにした。

「お兄さんの名前は？」

「エマニュエル」と女の子がささやくように言うと、わたしが知っているエマニュエルではないのに、その名前が女の子の口から出たときのイントネーションが引き金となって、記憶が一気に押し寄せてきた。あの力強い笑い方、わたしの髪をくちゃくちゃにして、もっと背が伸びるようにと言いながら、編んだ髪を引っ張り上げたこと。父といろいろな話をして、気の利いた言葉を交わし合ったこと。だんだん機嫌が悪くなること、怒りを爆発させたと思ったら、そのあとには泣きだすこと。わたしが聞き耳を立てていると、母はいつもわたしをその場から引き離して、ベッドに寝かしつけた。エマニュエルがいなくなると、両親が言い争いをする声が聞こえて、母が声を荒げてこう言った。

113

「こんなのおかしいわよ、アジケ、あの人はまともじゃない。うちに来させないでよ」でも、次の週になるとエマニュエルはまたうちにいて、大丈夫なときもあればそうでないときもあって、わたしの編んだ髪を引っ張るときもあれば引っ張らないときもあったけれど、いつもそこにいた。いなくなるまでは。

　握りこぶしの中に何かが溜まってむずがゆくなって、しまいには、どうにもならないほどの刺すような痛みへと激しさを増した。わたしは嘘をついている女の子の顔を殴った。

　ダマリスが最初の脱走兵だった。血を流してシェルショック状態の女の子を引っ張っていく道すがら、振り返って軽蔑するような笑みを浮かべていた。それに続いてほかの子たちもあきれた表情でぐるりと目玉をまわして、ばかにするような言葉をささやき合っていた。その日が終わるころには、わたしは歩兵のポーンがいないクイーンになっていた。

　続いての訳は、全体のトーンの作り方が実に生き生きとしていて、身体感覚の表現も巧みでした。

【田中亜輝子さんの訳文】

　アニタのそばに行きたいのをぐっとこらえて、わたしの指示を聞くために集まった女の子たちのほうに向かった。顔を見合わせながら、みんなで輪になって腰をおろした。わたしは、もとは飲み物を運ぶのに使われていた木箱に腰かけた。わたしの右腕役を買って出たダマリス・ンディベが、背の低い女の子を前にひっぱってきて、わたしの正面に立たせた。
「この子、嘘をついてるの。自分の兄さんの仕事のことで」とっさにはわからなかったけれど、どうやらこの場はわたしが本当のところを追及しなきゃいけないらしい。アニタとの一件のせいで、わたしは校内の正義を守る自警団の、お目付け役になってしまったのだ。真実を

この目で確かめたいと思う気持ちは、もう失せていたのに。

　わたしは時間稼ぎの質問をした。

「兄さんの名前は？」

「エマニュエル」女の子がぼそっと呟いた。わたしが知っているエマニュエルのことじゃないのに、なんだかそんなふうに名前を言われると、その子の平坦な口調が引き金になって、次々と思い出がよみがえってきた。エマニュエルが、弾けるように笑いながら、わたしの髪をくしゃくしゃに撫でたことや、結った髪の束を逆立ちさせて、わたしの身長をかさ増ししてみせたこと。父さんと、冗談や昔話に花を咲かせていたこと。だんだんと不機嫌になり、どなり散らしたかと思うと、泣きだしたこと。わたしが聞き耳を立てていると、母さんに無理やりベッドに連れて行かれて、寝かしつけられたっけ。エマニュエルが帰ったあとは毎回のように、母さんたちが言い争うのが聞こえた。母さんは声を荒げて言った。「いい加減にして、アジク、あの人はだめよ。家に来て欲しくないの」でも、次の週になるとエマニュエルはまたうちにやってきた。安定しているときもあれば、そうでないときもあったし、わたしの髪を逆立ちさせるときもあれば、それをやらないときもあった。でも、いつだって会えた。いなくなる日が来るまでは。

　握りこぶしの内側になにかが湧き出てきて、むずむずしはじめたかと思うと、ぶすぶす刺すような痛みにまでふくれあがって、どうにもできなくなった。わたしは嘘をついた子の顔面にパンチした。

　最初にわたしを見限ったのはダマリスだった。血を流してショック状態の女の子につきそってその場を離れ、うしろを見返り、わたしに軽蔑のまなざしを向けた。ほかの女の子たちも、目玉をひん剝き、小声でわたしを罵った。その日のうちに、わたしはひとりも家来のいない女王様になってしまった。

　せっかくなのでもうひとつ紹介します。比喩をとても的確に表現しています。

II 応用編

【小平慧さんの訳文】

　アニタに歩み寄りたい気持ちが沸くのにさからって、命令を待つ女の子の一団のところに行った。みんなで輪になって、お互いの顔が見えるようにすわった。わたしに用意された席は、もともとソフトドリンクが入っていた木箱だった。わたしの副官役に落ち着いたダマリス・ンディベが、小柄な女の子を引きずり出してわたしの前に立たせた。「この子、お兄さんの仕事のことで嘘をついてた」すぐにはわからなかったけれど、わたしは何かしらのけじめをつけるよう求められていたのだ。アニタとの出来事のおかげで、わたしは校内自警団の審判役に担ぎ出されていたけれど、真実になんてもう興味はなかった。

　わたしは時間稼ぎをした。
「お兄さんの名前は？」
「エマニュエル」女の子が小さな声で言うと、わたしにとってのエマニュエルとはちがうのに、名前を口にしたときの言い方、声の調子にあった何かが引き金になって、記憶が押し寄せるように戻ってきた。エマニュエルの朗らかな笑い声。わたしの髪を手でくしゃくしゃにし、背を高くしてあげようと言って編んだ髪を持ち上げたこと。父と世間話や気の利いた冗談を交わすようす。だんだんと不機嫌になり、突然怒りを爆発させてから泣きだしたこと。立ち聞きしていると、いつも母に引き離されて寝かしつけられた。エマニュエルが帰ってから両親はよく言い合いをし、母は声を張り上げて言った。「こんなのはだめ。アズィケ、あの人はだめ。もう来てほしくないの」でも次の週になるとエマニュエルはまたうちにいて、大丈夫なときもあればそうじゃないときもあって、わたしの編んだ髪を持ちあげてくれるときもあればそうじゃないときもあったけれど、いつもそこにいた。いなくなるまではいつも。

　何かが拳のなかに溜まってむずむずし、それから強まって、拭いようのない、刺すような痛みに変わった。わたしは嘘をついた子の顔を拳で打った。

ダマリスが最初の脱走兵だった。血を流し、砲弾ショックに陥った女の子を連れていきながら、肩越しにわたしをせせら笑った。ほかの子たちも目をむいて呆れ顔をしたり、わたしをひそひそ声で貶したりしながら従った。その日のうちに、わたしはポーンのいないクイーンになっていた。

■ 8.　藤井による訳例

　続いて僕の翻訳です。一応、軍事やチェスに関わる比喩表現や、仕草の表現に気を使って作ってみました。

　わたしはアニタのところに歩いていきたい気持ちをぐっとこらえて、わたしからの指令を待っている女の子軍団のほうに向かった。みんなで向かい合うように輪になって座った。かつてはソフトドリンクの箱だった木枠が、わたしの席だった。副官を買って出たダマリス・ンディベが、体の小さな女の子を引きずり出して、わたしの前に立たせた。
　「この子、兄さんが何の仕事をもらったのか嘘をついたのよ」そう言われてしばらくして、この件を解決するのが自分の役回りなのだということに気がついた。アニタとの出来事のせいで、わたしは校庭自警団法廷の仕切り役になっていたけれど、真実を求める気持ちはもう失せていた。
　とりあえず、時間を稼いだ。
　「兄さんの名前は？」
　「エマニュエル」とその女の子は小さな声で言った。わたしの知るエマニュエルではなかったけれど、その名前を口にする彼女の発音のしかたが引き金になって、思い出が一気に蘇ってきた。エマニュエルの豪快な笑い声。わたしの髪をくしゃくしゃにして、背を高くしてやるぞと言ってお下げの髪を上に引っ張っていたこと。父さんとの軽妙なやりとり。だんだんむっつりしてきて、急に怒り出して、そのあと泣

いていたこと。わたしがこっそり立ち聞きしていると、いつも母さん
に見つかって寝かしつけられた。エマニュエルがいなくなると、両親
は言い争って、母さんの上ずった声が「こんなのだめよ、アズィケ、
あの人はだめ。うちには来てもらいたくないの」と言っていた。でも、
次の週になるとエマニュエルはまた家に来ていた。大丈夫なときもあ
ればそうでないときもあったし、わたしのお下げの髪を引っ張るとき
もあればそうしないときもあったけれど、いつも彼はそこにいた。で
も、いなくなってしまった。

　こぶしに何かが溜まってむずむずしてきて、そのうちに刺すような
痛みに変わり、どうにも振り払うことができなかった。わたしは嘘を
ついた女の子の鼻にパンチを食らわせた。

　ダマリスが最初の逃亡兵だった。砲弾ショック状態で鼻血を出して
いる子を連れていき、肩越しにわたしをあざ笑っていた。ほかの子た
ちも、呆れた目をしたり小声で悪口を言ったりしながらそれに続いた。
その日の学校が終わるころには、わたしはポーンのいないクイーンに
なっていた。

　いかにも「ありがちな」学校の光景として、日本語の読み手にもイメー
ジしやすい風景を、アリマーは提示してくれているといえるでしょう。そ
の一方で、それに絡むようにして父親がンワンドに語って聞かせる戦争中
の物語は、まだ少年だった自分とエマニュエルが戦争に参加していたこと
や、部隊が遊びで撃っていたヘビが現地の住民にとっての神だったので抗
議される、というエピソードなどがあり、当然ながら娘のンワンドにはそ
の意味も背景も分かりません。

　読者には分かるでしょうか。ナイジェリアの20世紀の歩みにおいて最大
の悲劇であるビアフラ戦争と、その後の軍政のどこかに、父親とエマニュ
エルの軍隊経験は関係しているのだろうとは想像がつきます。そして、エ
マニュエルが自殺してしまったことから、語りえない過去を抱えていただ
ろうことも。そして、キリスト教では悪魔の象徴とされるヘビを崇めてい
る部族がいるということからも、世界屈指の多言語国家であるナイジェリ

アのなかでの文化の多様さがうかがえるかもしれません。

　物語になにげなく書き込まれたそうした「奇妙な」要素から、英語だけの物語からはこぼれ落ちてしまいそうな出来事や人々の姿につながる細い糸が見えてくるのかもしれません。次々にデビューしてくるナイジェリアの英語作家たちは、そんな非英語の広大な世界を後ろに抱えています。そうした作家たちは、どこか翻訳者に似ているのかもしれません。

3

イメージとテーマを
訳語にどう反映させるか

アンソニー・ドーア
「深み」（2011）

　本章の課題文は、アンソニー・ドーア（Anthony Doerr）の短編「深み」（"The Deep"）からの出題です。ドーアは 1973 年アメリカのオハイオ州生まれの作家で、日本では短編集『シェル・コレクター』と『メモリー・ウォール』が岩本正恵さんの翻訳で出たあと、長編『すべての見えない光』は僕が翻訳することになりました。

「深み」は 2011 年に発表された短編で、時期としては『すべての見えない光』の執筆と重なっています。そのせいもあって、少年と少女の出会い、厳しい社会情勢という設定など、ふたつの作品には重なり合う要素がいくつも見られます。

『すべての見えない光』は、1930 年代から第二次世界大戦下のヨーロッパを舞台にしていましたが、「深み」は 1910 年代から 1930 年代のアメリカ合衆国、デトロイトの岩塩採掘鉱近くに設定されています。主人公となる少年トムは、先天性の心臓欠陥を抱えており、寿命は 16 年程度、運が良ければ 18 歳まで生きられると医師から告げられています。心臓に負担がかからないように、とにかく興奮してはだめだと言われ、母親からもそのことを繰り返し戒められて生きています。

　12 歳のとき、彼は学校でルビー・ホーナデイという同級生に出会います。海のなかの色鮮やかな世界について書いてある赤い本を持ったルビーが、

海についてクラスで発表すると、その言葉に興奮したトムは意識を失います。もう学校には行かないほうがいいと診断され、家でじっとするほかない日々が続きますが、用事で近所に行くことは認めてもらえます。

　トムがそうして日常を過ごして 15 歳になったある日、ルビーがふたたび彼の前に現れて、近所の野原の探検に彼を連れ出します。自分の心臓に悪いのではないか、母親の言いつけに背いていいのか、そんな思いはありつつも、トムはルビーの魅力に抗えずについていきます。課題の文章は、そうしてふたりが世界を共有していくくだりです。

The following Tuesday Ruby meets him at the end of the lane. And the Tuesday after that. They hop the fence, cross the field; she leads him places he's never dreamed existed. Places where the structures of the saltworks become white mirages on the horizon, places where sunlight washes through groves of maples and makes the ground quiver with leaf-shadow. They peer into a foundry where men in masks pour molten iron from one vat into another; they climb the tailings pile where a lone sapling grows like a single hand thrust up from the underworld. Tom knows he's risking everything – his freedom, Mother's trust, even his life – but how can he stop? How can he say no? To say no to Ruby Hornaday would be to say no to the world.

　Some Tuesdays Ruby brings along her red book with its images of corals and jellies and underwater volcanoes. She tells him that when she grows up she'll go to parties where hostesses row guests offshore and everyone puts on special helmets to go for strolls along the sea bottom. She tells him she'll be a diver who sinks herself a half mile into the sea in a steel ball with one window. In the basement of the ocean, she says, she'll find a separate universe, a place made of lights: schools of fish glowing green, living galaxies wheeling through

Ⅱ

応用編

the black.

　　In the ocean, says Ruby, *half the rocks are alive. Half the plants are animals.*

　　They hold hands; they chew Indian gum. She stuffs his mind full of kelp forests and seascapes and dolphins. *When I grow up,* says Ruby. *When I grow up . . .*

　この作品もすべて現在形で書かれているほか、具体的な風景描写と、未知の世界を夢見る幻想性が混ざり合った、とてもドーアらしい文章だと思います。ちなみに、この作品は、ドーアの第2短編集の邦訳版『メモリー・ウォール』には入っていませんが、原書を今購入すると、*Memory Wall* には収録されています。つまり、もともとの原書が2011年に発表された後、ボーナストラックのようにして追加されたという短編です。とはいえ、作品としてはO・ヘンリー賞にも選ばれ、そのほかの現代文学の短編アンソロジーにも選ばれていますから、こんな豪華なボーナスがあるのか、と僕なんかは思ってしまいます。

　ドーアらしい文章やイメージをどう翻訳するのかですが、課題文に関してのポイントとしては、①人称を登場させる回数をどう調節するか、②視覚的イメージを崩さないように語順をうまく整える方法、③テーマに応じて単語を選択する、といったあたりが挙げられると思います。まずは課題文を確認しましょう。

■ 1.　語り口調について

　全体のトーンについては、現在形で全体を統一することに苦労したというコメントもいくつかいただいています。これは僕も同感で、日本語の文法の構造上、通常の形の文はどうしても最後に動詞が来ますし、日本語の動詞の現在形はほぼすべてが「〜る」なり「〜う」なりの「う」段で終わります。それが何度も続くと、さすがに単調になってきますが、かといって、原文の時制から逸脱して過去形にするのはさすがにはばかられます。

第Ⅰ部第3章からの繰り返しになりますが、すでに起きた出来事を振り返る時制である過去形ではなく、まさに今起きつつある出来事をリアルタイムで体験する現在形を選ぶことによって、物語の臨場感は演出されていますから、それを訳者が変更するという介入は好ましくはないでしょう。

とはいっても、課題ではドーア自身が動詞のない文 "Places where ~" を使っていたり、あるいは疑問文も混ぜてくれているので、そこでうまく文章の幅を持たせることができそうです。そうでなければ、時制をいじるまではせずとも、訳文独自の工夫が必要になってくるケースもありえます。

この課題文で、もっと大きな語り口の問題となるのは、第2段落、ルビーが将来行きたいと思っているパーティのことを語る場面になります。ここでの選択肢はふたつあります。①ルビーの語りとして、「～なの」などの女の子口調を採用するか、②地の文として、「～する／～だ」など、それまでの語りと同じ口調で続けるか、という選択です。

連載時の応募文では、②がやや多いものの、4割近くの方が①の女の子口調で翻訳していました。どちらが文章としてより正確であるかということでは判断できず、全体のトーンをどう調節するかのポリシーに従って決めていくことになります。

僕個人としては、ここは②の、三人称の語り手による語りとして翻訳するほうがいいだろうと思います。というのも、三人称の語りで通すほうが、明らかにルビーの語りとして翻訳されるべき2箇所、"*In the ocean,* says Ruby, *half the rocks are alive. Half the plants are animals.*" と、"*When I grow up,* says Ruby. *When I grow up . . .*" でのルビーのセリフをより際立たせることができるというのが理由です。おそらくはその効果を狙って、原文でもパーティのくだりや深海に潜るという部分は、ルビーの語りではなく伝聞調のような三人称で書かれているだろうと思うからです。

もうひとつ、語り口調に連動して、原文では疑問形になっている部分、"but how can he stop? How can he say no?" の翻訳として、平叙文の形で訳すという選択肢も検討することになります。これは、ドーアの『シェル・コレクター』と『メモリー・ウォール』の訳者である岩本正恵さんの翻訳から僕が学んだ点でもあります。全体の語り口調として、落ち着いた

静謐なトーンを保持する場合、「？」や「！」といった記号が原文にあっても、訳文ではそれを落とすことも可能で、往々にしてそのほうがうまくいきますし、特にドーアの語りはそうです。

　課題文の疑問形を素直に訳せば「だが、どうすれば止められるだろう？どうすればノーといえるだろう？」となります。「だが、どうすれば止められるだろう。断ることなどできるだろうか。」といった文章のほうが、主人公が心の中で自問するような静けさを演出するには向いています。それが、『シェル・コレクター』から『すべての見えない光』まで一貫して続いている、ドーアの訳文のポリシーです（これについては第 III 部でもう少し詳しく触れてみたいと思います）。

■ 2.　人称をうまく調整する方法

　僕が苦労したのは、冒頭に近い箇所の "she leads him places he's never dreamed existed." という箇所です。直訳すれば、「存在するとは彼がまったく夢見ていなかった場所に、彼女は彼を連れていく」となります。そうすると、「彼」や「彼女」の人称が 3 つ混在することになり、日本語としてはいかにもカチコチの翻訳調になってしまいます。できれば、「彼」や「彼女」を使うのは 1 文に 1 回だけ、とするほうが、人ではなく場面によりフォーカスする文章を作ることができます。とはいえ、この箇所ではどこかの人称を省略できるでしょうか。

　連載時にみなさんも同じように感じられたようで、多くの方が人称をふたつに減らすという工夫を試みていらっしゃいました。次のような形の文章が一番多かったと思います。

・ルビーは彼が夢にも思わなかったような場所へと連れていく。

・ルビーはトムが夢にもそんなところがあるなんて思わなかったところへと連れていく。

「彼女」と「彼」が連続で出てくるとやや読みづらいので、「彼女」のかわ

りに「ルビー」と実際の名前を挙げるのは、文章を損なうことなく読みやすさを増すために有効な方法です。また、この場合ですと、人称が次々に出てくるという、翻訳文学の欠点として挙げられがちな訳文は避けることができます。一方で、動詞である「連れていく」に目的語がなくなるという問題は生じてきます。

　こうしたケースの訳し方としては、登場するふたりのうちひとりに視点を近づける、という方法があります。実際に、ルビーに視点を近づけた訳を作ってくれている方がいます。

> そんなところがあるなんて夢にも思わなかったところに連れていく。

　こうすると人称はなくなって、日本語としても不自然ではありません。ただし、この文章で「連れていく」の主語がルビーであると分かってもらうためには、少なくともひとつ前、できれば前ふたつの文章の主語が「ルビー」あるいは「彼女」である必要があります。その連続性のなかで、主語のない文を作ることが可能になるのですが、今回は直前に "They hop the fence, cross the field" という、トムとルビーを主語とする文章が入っていますので、人称を完全に省いてしまうと、どちらが何をしているのかが見えづらくなるという危険はあります。

　そうなると、残された道としては、トムのほうに視点を近づけるというやり方でしょうか。僕はそれを選んでみました。

> 夢にも思わなかったような場所に、トムは連れていってもらう。

　彼女が彼を連れていった、ではなく、彼が連れていってもらった、という形で、文章自体を能動から受動に変更することになります。こうすると、人称は減らせますし、連れていくのがルビーで、連れていってもらうのがトムであることも分かってもらえるかと思います。とはいえ、"existed" のニュアンスをもうちょっと活かせたらなあ、という思いは残ります。

　この "existed" について、文法的にどうなっているのかという質問をい

ただきました。僕は文法に弱い人間ですが、"she leads him places he's never dreamed existed." には本来関係代名詞が入るはずで、"she leads him places whose existence he has never dreamed of." が完全なセンテンスに近いでしょうか。「彼がその存在を夢見たことさえない場所」という意味で登場しているのですが、文法的にはやや簡素な形で書かれていると思われます。

■3. 視覚的イメージと語順

　ドーアは風景やイメージの忘れがたい描写を多く生み出している作家です。たとえば短編集『シェル・コレクター』に収められた「世話係」での菜園やクジラの死骸、あるいは『メモリー・ウォール』の最後を飾る「来世」での光の描写など、僕の脳裏にもいくつもの場面が焼き付いています。

　そうした場面の描写では、なるだけ原文の語順を崩さないほうがいいだろうと僕は考えています。基本的には情報を明確に伝えることを優先すべき箇所と、イメージを組み立てる言葉の順序に従うべき箇所を区別することは、翻訳においてはかなり重要な作業になります。理想を言えば、翻訳においてはすべて原文の語順通りにできればいいのですが、英語と日本語の言語構造に隔たりがある以上、これは見果てぬ夢でしかありません。現実には、語順をある程度まで残す場所を見定めて、訳文で工夫を凝らすという折衷案に頼ることになります。

　課題文でも、風景の描写はかなり印象的です。自然の営みと人間の営みが混ざり合ってひとつの世界像を作り上げているイメージは、さすがドーアだなと感心してしまいます。

　それを訳すときの語順の問題がもっともはっきりと出てくるのは、トムとルビーがあちこちを探検するときの描写です。

They peer into a foundry where men in masks pour molten iron from one vat into another; they climb the tailings pile where a lone sapling grows like a single hand thrust up from the underworld.

これを訳すとなると、どれくらい原文の語順を保つことができるでしょうか。連載時の応募文から、いくつか取り上げてみます。

> ・彼らはマスクをした男たちが溶けた鉄を大桶から大桶へ注ぎ込む鋳物工場を見つめ、1本のさみしい苗木があの世から突き出した手のように生えているくず鉄の山を登る。
> ・ふたりは鋳造所を覗き込む。マスクをした男たちが溶けた鉄を大樽から別のへと注いでいる。ふたりは鉄くずの山を上る。そこには、黄泉の国から突き出た手のような若木が1本だけ生えている。

　僕はふたつ目の翻訳の語順に賛成です。それは、読み手に光景を想像させる言葉が、カメラが動くようにして場面を明らかにしていく様子で、よりよく再現できると思うからです。"foundry" → "men in masks" → "molten iron" → "vat" という視線の動きも、原文と同じ形を保つことができます。
　一方で、原文よりもセンテンスの数は増えてしまいます。あまり切れ切れにならないようにするという点を考慮して、次のような案はどうでしょう。

> ふたりが鋳物工場を覗き込むと、面をつけた男たちが、溶けた鉄をタンクからタンクに流し込んでいる。ふたりが登る選鉱くずの山に、若木が1本だけ立っている姿は、冥界から伸びてきた手のようだ。

　個々の単語にあてる訳語の選択については、また後で考えるとして、とりあえず、探検するふたりの視線の先にある工場での一コマや、製鋼場の裏を登っていくふたりからカメラが少し引くようにして木が描かれる、といった描写の順番は、それなりに保持できるのではないかと思います。
　ただ、語順をそのままにはできない箇所も出てきます。たとえば、"Places where the structures of the saltworks become white mirages on the horizon, places where sunlight washes through groves of maples and

makes the ground quiver with leaf-shadow." というセンテンスでは、"Places" という文頭の表現を、日本語では「〜という場所」や「〜のところ」という形で受けることが多くなると思います。もちろん、「そこでは〜になる」という形で訳すことも可能ではありますが、原文の形が生む効果を日本語でよりよく再現するには、やはり体言止めという形がふさわしいのではないかと思います。

　語順とは少し話がずれますが、原文の形をなるだけ尊重して訳すべき箇所が、"sunlight . . . makes the ground quiver with leaf-shadow." というところです。ここは詩的なイメージがちらりと顔を覗かせている描写で、情景を考えれば、カエデの葉が地面に影を作り、それが風で震えている様子を表したものです。ですので、応募された方の訳文では、たとえば「葉の影で地面が揺れている」、あるいは意訳して「木漏れ日が踊る」といった表現が使われていました（ちなみに、『翻訳できない世界のことば』（創元社）では、「木漏れ日」はその情感も含めて他言語に翻訳不可能な日本語の言葉として挙げられています）。

　ここは直訳に近い形で、主語や動詞を変えずに訳すほうがいいと僕は思っています。英語でも、"the leaf-shadow quivers on the ground" といった形で表現することは可能ですが、あえて主語を「日の光」にして、それが「地面を震わせる」と書いているわけです。少し奇妙な形であるがゆえに、読み手に情景を思い浮かべることを求める表現を採用していますから、できれば日本語でも同じような効果を目指したいところです。ということで、こんな訳文はどうでしょうか。

日光がカエデの木立に降り注ぎ、葉の影で地面を震わせる場所。

■ 4.　訳語の選択をテーマから考える

　ドーアの文章は、なにげない言葉の一つひとつに込められた意味合いを考えるように求めてきます。たとえばトムが心臓に欠陥を抱えているがゆ

えに、長生きを望めないという設定を常に頭に入れておく必要があります。命の危険があるために、トムが知りうる世界はかなり限定されています。それでも好奇心と恋心に支えられて世界をもっと知ろうとする、その姿がさらに鮮やかに浮き彫りになるからです。

　そうしたテーマを踏まえるなら、ルビーとふたりで登る廃棄物の山に木が生えているという描写、"like a single hand thrust up from the underworld." の最後の単語 "the underworld" はどう訳されるべきでしょうか。みなさんの訳をいくつか選んでみます。

・まるで地面の下から片腕が突き出しているようだ
・下界から突き出された片手のように
・大地の下から片手を突き出したように
・黄泉の国から突き出た手のような
・冥界から突き出た1本の手のような

　全体としては、「地下」あるいは「地下世界」といった語を選択された方が多くいらっしゃいました。その後でルビーが語る深海の話とのつながりを考慮されたのではないかと思います。

　実はこれに似た場面が『すべての見えない光』でも出てきます。ドイツ人の少年ヴェルナーが、炭鉱の町ツォルフェアアインで妹のユッタとあちこちを探検するときに、次のような文章が登場しています。

leafless trees stand atop slag heaps like skeleton hands shoved up from the underworld.

　こちらの情景では、木は単数ではなく複数で、葉がないので "skeleton" という比喩も添えられていますが、木が "the underworld" から突き出す手のようだというイメージは共通しています。ドーアはこのイメージがけっこう好きなようですね。この箇所にあてた僕の訳文は次のようになっています。

> 葉のない木々が、石炭くずの上に立っている姿は、冥界から伸びてき
> た骸骨の手のようだ。

　ヴェルナー少年は、炭鉱での崩落事故で父親を亡くし、やがて15歳にな
れば炭鉱で仕事を始めることになると予告されています。ヴェルナーの命
を奪うかもしれないモノトーンの世界は、骸骨が彼をつかまえようと手を
伸ばしてきている、という木々の描写でさらに強められています。そうす
ると、ここは「地下」ではなく「冥界」とするほうが、場面に込められた
テーマ性により近い単語になります。

　同じことが、トムとルビーの出会う木にもあてはまります。物語の主人
公が、いつ心臓が止まるか分からないトムである以上、どれほど低い廃棄
物の山であっても、そこを登ることには危険がつきまといます。そこに生
えている木が少年には「手」のように見えるのであれば、その手の持ち主
は、おそらくは死神だということになるでしょう。ということで、僕は作
品のテーマと連動して、「冥界から伸びてきた手のようだ」という訳語を選
んでみました。

　ちなみに、ここでトムとルビーが登る "the tailings pile" とは具体的に
どういうものかについて、とても詳しく調べてくださった応募者の方がお
られました。さまざまな情報に基づき、「ボタ山」「尾鉱の山」「鉱さいの山」
「廃石の山」あたりがふさわしいのかもしれない、とご提案をいただいてい
ます。確かに納得です。一方で、僕は『すべての見えない光』では、ヴェ
ルナーとユッタのふたりが「石炭くずの山」に登ると訳しているので（も
ちろん原文は、"the tailings pile" とは違いますが）、「漢字2文字＋くず＋
の山」という組み合わせを一応は守るつもりで、「選鉱くずの山」としてい
ます。

　続いて、ルビーが語る深海の描写です。ここもドーアらしい詩情と想像
力が詰まった表現です。

she'll find a separate universe, a place made of lights: schools of fish glowing green, living galaxies wheeling through the black.

　鍵となるのは、"a separate universe" をどう訳すのか、そして "living galaxies wheeling through the black" という表現が何を言いたいのか、という点になるでしょうか。

　まずは "a separate universe" ですが、これは端的にいえば「まったく別の世界」ということになります。実際に、「別の世界」あるいは「別世界」という訳を採用している方が半分以上いらっしゃいました。日本語では「世界」にあたる語として、英語で "world" ではなく "universe" が使われることはよくありますから、意味としては正確な訳だということになります。

　ただ、そうすると、その直後で "galaxies" という単語が使われていることとのつながりは弱くなってしまいます。深海を描写する際の "a separate universe" と "living galaxies" がセットであることにこだわるなら、前者は「まったく別の宇宙」など、「宇宙」という単語を残すべきだろうと思われます。

　その箇所、"living galaxies wheeling through the black" は、直前に出てきた魚の群れを言い換えている表現です。深海を宇宙に見立てると、そのなかを光りながら泳いでいる魚の群れは銀河のように見える、という比喩的なつながりです。イワシでもサバでも、魚の大きな群れは台風の雲のように回転しつつ動いているように見えますから、壮大かつ巧みな喩えだといえます。

　そこで「銀河」という単語を選択すると同時に、それが直前の「魚の群れ」を言い換えているのだということも示す必要があります。たとえば「緑色に光る魚の群れ、暗闇を回転していく生きた銀河」と素直に訳すと、異なるふたつのものが並列になっているようにも読めますから、もうちょっとだけ訳文をいじるほうがいいかもしれません。あまり情報を足さずに、形を少し調整して、僕は次の訳にしています。

> 魚の群れが緑色に光り、生きる銀河となって回転しながら、漆黒のなかを進んでいく。

続いて、課題文の最後にあたる箇所、ルビーのセリフ "*When I grow up, says Ruby. When I grow up* . . ." はどうでしょうか。ここは質問もいただいている箇所で、ルビーが語る将来の夢は、それとは逆に、死期が近いと予告されているトムには将来など思い描けないというコントラストを際立たせています。最後が「 . . . 」となっているのは、実際にはルビーがその後に続けていろいろな夢を語っているものの、トムにとっては自分がそのとき生きているとは思えない、あまりに遠い世界のことなので、もう耳に入ってこないという、少年の主観をある程度反映しているのではないかと思います。

　そう考えますと、まず "grow up" は「大きくなる」よりも、より歳月のニュアンスをもつ「大人になる」のほうがふさわしいと思われます。そして、夢見ることができるルビーと、夢見ることは許されないトムの落差を少し強調するには、二度繰り返される「大人になったら」のどちらかに、ルビーの「わたし」（僕は「あたし」を選んでみました）を入れると、その「わたし」がルビーしか指していないことをさりげなく示すことができそうです。そんなわけで、訳文を作るならこんな感じでしょうか。

大人になったら、とルビーは言う。あたしが大人になったら……。

■ 5.　質問に関して

　連載時には重要な質問をいくつもいただきました。ここまでの解説で扱えていないものについて、僕なりに考えたことを書かせていただきます。

To say no to Ruby Hornaday would be to say no to the world. のところ。原文で同じ表現が繰り返されているので訳文の日本語も同じ表現を繰り返したほうがいいだろうと思いそう訳しましたが、2 番目のほうの say no to は単に「ノーと言う」だけでなく「全世界を否定する」という意味ではないかと思えます。「この世界にいやと言う」ではその意味が読

者に伝わりにくいような気もして悩みました。そういう場合、先生はどういうふうに判断されますか？

　ここは僕も悩んだ箇所です。「ノーと言う」と訳されていた方もわりとおられましたが、僕の場合、語り口調でかなり冷静なトーンを選びましたので、そうすると「ノーと言う」では少し違和感が出てしまいます。かといって、「拒否する」だと、原文が"refuse"ではなく"say no"をわざわざ選んでいることが活きなくなります。折衷案で、ここは「背を向ける」という表現を選んでみました。同じふうに訳された応募者の方もおられたので、ちょっと安心しています。

"Indian gum" は "Any of the gums, such as ghatti gum and sterculia gum, with mucilage consistency from trees in the forests in India and Ceylon." だそうなので、樹脂を採って噛むのかしらと思いましたが、天然ゴムが採れる木はインド、セイロン、中央アメリカ、南アメリカといった熱帯地方で、デトロイトに生育するとは思えません。ですからここでは "The Goudey Gum Company" が発売していたトレーディングカード付きのバブルガムだと思うのですが、このガムが発売されていたのは 1933 年から 1940 年までです。こういう場合、どう処理すればよいのでしょう？

　丁寧に調べていただいて、ありがとうございます。"Indian Gum" は固有名でばっちり辞書に載っているかと思いきやそうでもなく、なんとなく内容が分かっても、訳語に反映させられるとは限らない、そんな困った語です。連載時に応募者のおひとりが、"Indian Gum" という銘柄のガムの写真を添えてくださいました。おそらくは、その「インディアン印のガム」を指していると思います。僕の調べたかぎりですと、アメリカ大陸では、ガムはもともとアメリカ先住民（インディアン）がチクルという樹液からガムを作っていたことをひとつの由来としていますから、"Indian Gum"は、現在のような合成樹脂ではなく天然の樹脂でできた古いタイプのガム

だと考えてよさそうです。

　訳語については、それを「インディアンガム」や「インディアン印のガム」としても、それが固有名なのか、それとも特殊なガムであるのか、読者には今ひとつ伝わりづらくなります。そうした際には、僕は内容を端的に伝えることを優先するようにしています。「樹脂のガム」と訳して、誤訳ではないことを祈る、というポリシーです。とはいえ、銘柄であることを教えていただいたので、それも盛り込むなら「インディアン印の樹脂ガム」でしょうか。

英語と同じように1文で収めた方がよいのか、文章を適当なところで区切って訳すべきなのかいつも頭を悩ませます。関係詞の訳し方をご教授いただけますでしょうか？

　関係詞が出てくる場合は、僕は日本語でもだいたい同じ順序で前から訳していき、1文として長すぎると感じれば、関係詞のところでいったん「。」を入れることにしています。まずは主節で主語が提示され、それが関係節でさらに情報が追加される、という順番ですから、それを日本語で1文にしようとすると、主語にかかる情報がやたらと多くなってしまうことがあります。それよりは、「～という人がいた。その人は……」などの形にするほうが、より読みやすく、原文の形に沿って訳せるのではないかと思います。もっとも、それではどうしてもうまく訳せないタイプの作家もいて（たとえばデニス・ジョンソンやロレンス・ダレルなど、非常に正統的な英語を使う人たちです）、そのときは散々頭を捻ることになりますが……。

課題には関係ありませんが、洋書でよく出てくる darling, honey, sweetie など、日本人が恋人にも子どもにも絶対に使わないような呼びかけ方は、どのように訳せば良いのでしょうか？　原文に忠実になると、その登場人物がイタイ人になってしまいます……。

　これは翻訳者にとっては頭の痛い問題ですね。英語は親密さを示す表現

をかなり発達させていますが、日本語はそうではないですから、「ハニー」とか「シュガー」とか書いてしまうと、ご指摘の通りかなり気取った発言になってしまいます。僕はそうした呼びかけは訳出せず、「ねえ」としたり、語尾を親しげにするという口調のレベルで処理することが多いです。実際、英語でもその単語そのものに意味があるのではなく、発言のトーンを決める役割をしていると考えられるので、そのトーンが日本語で再現できていればOKなのではないかと思います。とはいえ、最近ではショップの店長から店員に対しての"big guy"という呼びかけが出てきて弱り果てました。これを語尾の口調で再現することはできませんし、「ビッグ・ガイ」と訳出しても伝わりづらいわけです。状況を踏まえて、呼びかけが含むニュアンスは何であるかをしばらく考えたのちに、「エース」という訳語に落ち着きました。

傍点や傍線を使わずにイタリック体の部分を表現する方法はありますか?

今回の文章の場合、ルビーの発したセリフであることを明示するためにイタリックになっていると思われます。ですので、セリフと地の文の区別がつきさえすれば、それほど表記に気を配る必要はないかもしれません。日本語は口調の違いが表記に出てきますから、それで十分ではないかと僕は思っています。

"Some Tuesdays" に悩みました。ルビーとトムは火曜日ごとに会うので、本を持ってくる火曜日もあれば、持ってこない火曜日もあると解釈したのですが……。

その解釈の通りかと思います。かといって、「いくつかの火曜日」にするのもなあ……と僕も悩んでいた箇所ですが、「火曜日によっては」と訳しておられる方がいて、そうかと膝を打ちました。とはいえ、そのまま拝借するのもはばかられるので、僕の試訳では「〜のときもある」という形にし

Ⅱ
応
用
編

ています。

■ 6. 学生訳

　それでは、学生訳を紹介します。ドーアの詩情をとても巧みにすくいあげていて、セリフにする箇所とそうでない箇所の区別も、全体のトーンを作るうえで的確だと思います。

【澤村大賀さんの訳文】

　　次の火曜日のこと。ルビーは路地の突き当たりでトムと会う。その次の火曜日のこと。ふたりはフェンスを飛び越えて、野原を駆け抜ける。ルビーは連れていく。この世にあるとは夢にも思ってもいなかったところに。製塩所の建物が遠く地平線上に浮かぶ蜃気楼に見えるところ。日の光がカエデの木立を輝かせ、地面を震わす葉陰をつくるところ。ふたりは鋳造所の中をのぞき込む。そこではマスクを着けた男の人たちが溶かした鉄を釜から釜へ流し込んでいる。ふたりは尾鉱の山によじ登る。そこではあの世から突き出した１本の腕のように若木がぽつんと生えている。トムはわかっている。すべてを危険にさらしていることを——与えられた自由や母親からの信頼、そして自分の命までも。けれどもどうして立ち止まることができるだろうか。どうしてノーといえるだろうか。ルビー・ホーナデイにノーと言うことは、世界にノーと突き付けることなのだから。

　　火曜日のこと。ルビーはときどき赤い本を持ってきて、サンゴやクラゲや海底火山の写真を見せる。ルビーは言う。大人になれば、パーティに出かけるのだ、そこではホスト役の女性が沖に並ぶように案内し、お客は特別なヘルメットを着用して海底散歩に繰り出すのだと。

　　ルビーは言う。潜水士になって海の中を八百メートル潜るのだと。窓がひとつついた鋼鉄製のボールに入るのだと。ルビーは言う。海の最深部には、隔たれた世界が、光でできた場所があるのだと。緑色に

育っていく魚の群れが黒い闇に光をふりまき銀河を作る。

　ルビーは言う。海の中ではね、岩のふたつにひとつは自分で息をしているの。植物のふたつにひとつは自分の足で動くのよ。

　ふたりは手をつなぐ。インディアン印のガムを噛む。ルビーはトムの心をいっぱいにする。海藻の森、海の景色、イルカの群れ。大人になったらね、とルビーは言う。大人になったらね……

　もうおひとりの訳を紹介します。「背を向ける」という表現の使い方も巧みですし、原文の語順とイメージをうまく活かした訳文になっています。

【岡ゆかりさんの訳文】

　次の火曜日、ルビーとトムは小道の外れで落ち会う。そして、その次の火曜日も。ふたりで囲いを飛び越え、野原を突っ切る。ルビーが連れて行くのは、トムにはそんな所があると夢見たこともない所だ。製塩所の建物が白い蜃気楼となって地平線に浮かぶ所、陽光がカエデの木立ちの隙間から降り注ぎ、葉影で地面が震える所。ふたりで鋳造所を覗きこむと、マスクをした作業員が溶鉄を大桶から別の桶に移している。くず山によじ登ると、たった1本若木が伸びて、まるで地面の下から片腕が突き出しているようだ。トムにはわかっている。自分はすべてを危険にさらしている──自由も、母の信頼も、自分の命さえも。でもやめられない。行かないなんて言えない。ルビー・ホーナデイに背を向けたら、世界に背を向けることになるんだ。

　ルビーがあの赤い本を持ってきて、サンゴやクラゲや海底火山の挿絵を見せてくれる火曜日もある。大人になったらパーティに参加して、そこでは女主人たちが招待客を沖に並べて、誰もが特殊なヘルメットをすっぽりかぶって、海底散歩に出かけるのだとルビーが話す。ダイバーになって、窓がひとつある鉄の球で海中に半マイル潜る。深海の底で、とルビーが語る。別の宇宙を見つける、光でできている場所を。そこでは魚の群れが緑色に輝き、生きてる星雲が暗黒の中を回ってい

く。

　海の中ではね、とルビーが言う。岩の半分は生きてるんだよ。海草の半分は動物なんだよ。

　ふたりで手を取り合う。おまけ付きガムを噛む。ルビーはトムの心をコンブの森や海の景色やイルカでいっぱいにする。大人になったらね、とルビーは言う。大人になったら……。

■7.　藤井による訳例

　以下は、僕がつけてみた訳文です。細かい訳語の選択にまだ迷うというところではありますが、ひとまず次のような形です。

　次の火曜日、ルビーは路地の突き当たりで彼と待ち合わせる。その次の火曜日も。ふたりはフェンスを飛び越え、野原を横切る。夢にも思わなかったような場所に、トムは連れていってもらう。製塩所の建物がどれも、地平線に浮かぶ白い蜃気楼になる場所。日光がカエデの木立に降り注ぎ、葉の影で地面を震わせる場所。ふたりが鋳物工場を覗き込むと、面をつけた男たちが、溶けた鉄をタンクからタンクに流し込んでいる。ふたりが登る選鉱くずの山に、若木が1本だけ立っている姿は、冥界から伸びてきた手のようだ。すべてを危険にさらしていることを、トムは知っている。与えられた自由も、母親からの信頼も、自分の命さえも。だが、止めることなどできない。いやだと言うことなどできない。ルビー・ホーナデイに対して背を向けることは、世界に対して背を向けることになってしまう。

　サンゴやクラゲや海底火山の絵が載った赤い本を、ルビーが持ってくるときもある。大人になったらパーティに行く、と彼に語る。女性の接待係たちがボートを漕いで客を沖まで連れていき、みなで特製ヘルメットをかぶって、海の底の散歩に出かけるのだ。彼女は言う。いつか潜水士になって、窓がひとつだけついた鉄製の球に乗り込み、水深1キロメートル近くまで旅をする。海の最深部には、こことはまっ

たく別の宇宙がある。光でできた場所が。魚の群れが緑色に光り、生きる銀河となって回転しながら、漆黒のなかを進んでいく。

　ルビーは言う。海中では、岩のうち半分は生きてるの。植物のうち半分は実は動物なの。

　ふたりは手をつなぐ。インディアン印の樹脂ガムを噛む。彼女の言葉を聞くと、ケルプの森や海の景色やイルカで彼の心はいっぱいになる。大人になったら、とルビーは言う。あたしが大人になったら……。

　こうして訳出してみると、ドーアの文章は非常に視覚的で、舞台が工業団地であっても、その喧騒が一瞬遠のくような静けさの感覚に満ちていることを実感します。ちなみに作者ドーアは、執筆時には音があると集中できないので、林業で働く人がチェーンソーで材木を切るときに着ける耳当てをつけ、まったくの無音を作り出して物語を書いているそうです。そうした作家の特性が非常によく出た文章かもしれません。ドーアが大長編として10年かけて執筆した『すべての見えない光』もまた、500ページ以上ある物語のすべてが現在形で書かれ、静謐さに貫かれています。

　これは伝統的にアメリカ小説が「ノイズ」だらけで、雑多な要素を詰め込んで書かれてきたという歴史とは一線を画しています。ハーマン・メルヴィルの『白鯨』やトマス・ピンチョンの『重力の虹』などがいい例かもしれません。中途半端な覚悟で読むと置いていかれそうな強靭さにアメリカ小説の真髄があったのだとすれば、新しい世紀に登場したドーアは、読み手に優しいタイプのアメリカ小説を作ろうとしているのだとも言えそうです。

冗長さと簡潔さ、語りの出し入れ

アダム・エールリック・サックス
「ある死体のための協奏曲」(2016)

　本章は、前章のドーアとはまったく真逆の、論理性を（といっても、妙な論理性ですが）全面に押し出した文体の作家から選んでみました。
　アダム・エールリック・サックス（Adam Ehrlich Sachs）は、2016年に短編集『遺伝的疾患』（*Inherited Disorders: Stories, Parables & Problems*）でデビューを飾ったばかりの若い作家です。ユダヤ系アメリカ人作家であるサックスは、ユダヤ系作家につきまとう「父と息子」というテーマを引き継ぐことにしたのですが、そのアプローチは何ともユニークです。この短編集は117もの掌編から構成されていて、それがすべて、父と息子の関係を取り上げたものになっています。
　時には日本の侍の父子だったり、食品着色料ビジネスで大もうけした一族の父と息子だったり、アメリカで哲学を学ぶ若者と父親だったり、チュニジアで起きた誘拐事件の関係者とその父親たちだったり、サックスの本はありとあらゆる設定を駆使しつつ、父と息子の愛憎関係を浮き彫りにしようとします。ある意味では、サックスはポケットから何を出してくるのか予測できない手品師のような作家です。
　ちなみに、デビュー作となるこの短編集が出版された際にサックスはインタビューに答えているのですが、執筆の動機については「本を書いて有名になりたいから」、父と息子という全体のテーマは「消去法で決めた」と語るなど、どこまでが本気なのかわからないサックス・ワールドを本の外でも披

露していました。どこか無頼漢めいた彼の雰囲気は、一読者としては非常に頼もしいのですが、翻訳するとなると、またいろいろと考えねばなりません。

ここで選んだのは、117編のうち第10番、「ある死体のための協奏曲」（"Concerto for a Corpse"）という作品からの文章です。主人公は Pavel Hronek という架空のチェコ人ピアニストで、その数奇な人生が、父親の作曲によるピアノ曲の題名とともに語られていきます。そのピアニスト人生の前半部分が課題文です。

Just months after debuting to great acclaim with his father's Concerto in B Minor, Hronek lost the pinky finger of his right hand in what he described as an eating incident at a Prague restaurant. Critics declared his career over; Hronek himself announced his retirement. Yet less than a year later he made a glorious return with his father's Concerto for Nine Fingers.

His fame now was even greater than before. He crisscrossed the continent, played before kings and prime ministers. But in 1911, at a Parisian brasserie, he suffered another eating incident and lost the index finger of his left hand.

There is no coming back from this one, critics said.

"I am done!" Hronek bellowed at the journalists who crowded in the stairwell of his apartment building. "I am finished! Leave me alone!"

The very next year, of course, came his stunning performance of the Concerto for Eight Fingers, composed by his father.

Soon World War I loomed. With his mutilated hands and his cultural prestige, Hronek was clearly of more use to the Austro-Hungarian Empire in concert halls than on battlefields. Not only was he not drafted, he was actively discouraged from enlisting. But for reasons that musicologists continue to debate, Hronek insisted on joining the army anyway.

II

応用編

At the Battle of Galicia, one of the first of the war, Hronek's left arm was shot by a Russian sniper and had to be amputated at the elbow. His commander later recalled that Hronek kept kind of accidentally lifting both of his arms above the lip of the trench. "Hronek!" he would bark. "Keep your arms down!" And Hronek would lower his arms. But a couple of minutes later the arms would drift up above the parapet again. "Hronek!" the commander would bark. "Don't you want to play piano again?" And Hronek would say yes and lower his arms again, but only temporarily. Finally, his left arm was shot and amputated.

His father began composing the Concerto for the Right Hand almost immediately. Hronek's wartime performance of the piece with the Vienna Philharmonic is considered by many aficionados to be one of the greatest piano performances of the last century.

いくらなんでもそりゃないだろう、と突っ込みたくなる箇所が満載なのですが、作品はこの後もひたすら暴走していきます。英語の文章としては、いかにも英語らしい構文が続出して、一筋縄ではいかないポイントがいろいろ盛り込まれています。ここで考えてみたいのは、①原文の簡潔さと饒舌さをどう再現するか、②語る・語らないという区別を話法でどう調整するか、という2点です。

■ 1. 語り口調の設定について

全体のトーンについて、文章の特徴をざっと見ておきたいと思います。基本的には、この短編はルポルタージュに近いような（さらにいえば辞書の項目にも通じるような）硬めの文体で書かれています。それが分かるのは、たとえば第1段落での "in what he described as an eating incident" という言い回しです。もう少しくだけた文章であれば、そこは "in an

142

eating incident, as he called it," などの形でも意味は通じますが、あえて "what he described as" というフレーズを使っていますから、その分ものものしい効果を狙っていると考えてよさそうです。さらに、"The very next year, of course, came ..." という倒置の形が用いられていることも、文章としての硬さの表れだと考えられるでしょう。

ですので、「である」調がときどき混ざるくらいの仰々しい訳文で対応し、説明されている出来事の馬鹿ばかしさとのギャップを狙う、というあたりの口調で綴っていくのがちょうどよさそうです。実際、応募された方のかなりの数は、そうしたものものしいトーンを選ばれていました。

ただし、主人公が発するセリフ "I am done!" そして "I am finished! Leave me alone!" については、若者の生き生きした口調を目指す必要がありそうです。"I am done!" と "I am finished!" は自分の破滅を述べるという意味はほぼ同じですが、使われている単語は違いますから、「終わり」と「おしまい」などで表現を少し変えてみるべきかと思われます。

■2. 人名と曲名の表記について

続いて、人名など固有名詞の表記についてです。まず主人公の名前はどう表記するのが正しいのでしょうか。ここはチェコ語の達人に訊くことができないという前提で書きますと、たとえばインターネットでの検索で "Hronek pronounce" と打ち込むと、どのような音なのか、発音表記を見せてくれたり、実際の音声再生ができるウェブサイトが出てきます。ただし、それを調べてみても、最初の "H" の音を発音するか発音しないのか、どちらのバージョンも出てきてしまいます。加えて、インターネット上の発音ガイドは英語での発音を標準にしているケースもあったりして、どこまであてにしていいものか迷います。

少し近いパターンの人名を探してみますと、たとえばチェコ生まれの大作家でボフミル・フラバルという人がいて、「フラバル」が "Hrabal" ですから、"Hronek" もそれに準じると考えれば、「フロネク」か「フローネク」あたりが候補になるでしょうか。それにしても、"H" は「フ」と「ハ」の

Ⅱ

応用編

どちらにも近いように聞こえますから、なかなか厄介です。ここでは「フローネク」ということで話を進めていきます。

曲名の表記についても、さまざまな可能性があります。最初に登場する"Concerto in B Minor"について、みなさんから寄せられたものをいくつか挙げてみます。

・Bマイナーの協奏曲
・「ピアノ協奏曲　ロ短調」
・『ロ短調協奏曲』
・〈協奏曲ロ短調〉
・「コンチェルト（ロ短調）」

まずは「協奏曲」とすべきか「コンチェルト」とすべきか、という問題ですが、現在日本で発売されているクラシック音楽のタイトルを見たところでは、「協奏曲」、かつ楽器も明記して「ピアノ協奏曲」とするのがもっとも一般的な形になりそうです。ショパンやラフマニノフといった大作曲家であれば「第2番」といった呼び方が定着しているようなのですが、課題文に出てくるのは架空かつ匿名の父親による作曲ですから、それは使えず、「ロ短調」とするべきでしょう。ちなみに、セリフ部分や本のタイトルと区別する意味で、〈　〉を使用するという案に僕も賛成です。

それらを合わせますと、〈ピアノ協奏曲　ロ短調〉が第一候補なのかなと思います。その後に出てくる曲名、たとえば"Concerto for Nine Fingers"は、応募文を見てみますと、「9本指のための協奏曲」あるいは「9本指の協奏曲」という表記もありました。それですと、1本失って9本の指になったということか、生まれつき指が9本であるということなのか、やや判断がつきづらいので、「9本の指のための」がいいのかなと僕は思っています。ちなみに僕は、生まれつき指が11本あるピアニストのために書かれたという架空の曲についての短篇を翻訳したことがあります（ベン・ファウンテン『11本の指のための幻想曲』という作品です）。

もうひとつ、地名として出てくる"Galicia"は、第一次世界大戦の初期

144

という史実を踏まえ、東欧の「ガリツィア」が正しい表記です。「ガリシア」とすると（僕も最初は字面に騙されて「ガリシア」かと思いました）、スペインの北西の地域を指してしまいますから、ちょっと要注意です。

■ 3.　冗長さと簡潔さ

サックスの語り口が仰々しいものであるという点と関連しているのですが、訳文でも冗長であるべき部分と簡潔であるべき部分を区別していくことになります。たとえば、出だしの文章を見てみましょう。

Just months after debuting to great acclaim with his father's Concerto in B Minor, Hronek lost the pinky finger of his right hand in what he described as an eating incident at a Prague restaurant.

この文章は、2文に分けて訳す案と、やや長い1文で訳す案がありうるかと思います。僕としては、ここは長い1文で訳すという方針に賛成です。「〜してから数か月後、フローネクは……した」という形にするほうが、科学的な説明文のような調子で訳せ、仰々しい感覚をうまく出せるだろうと思うからです。

ふたつの文に分けるときとの違いを確認してみましょう。

長い1文バージョン

父親の作曲による〈ピアノ協奏曲　ロ短調〉で絶賛を浴びてデビューしてからわずか数か月後、フローネクはプラハのレストランで、本人いわく「食事中の出来事」により、右手の小指を失った。

2つの文に分けたバージョン

父親の作曲による〈ピアノ協奏曲　ロ短調〉で絶賛を浴びてデビューしてからわずか数か月後、フローネクは右手の小指を失った。本人い

わく「食事中の出来事」でのことであった。

　文を分けるほうが、ややすっきりとした印象にはなります。ただ、原文が硬めの口調を選んでいるわけですから、ややごちゃっとした1文のほうがその感覚は伝わりそうです。

　そんななかにも、簡潔さを心がけるべき箇所があります。それは"eating incident"をどう訳すのかという問題です。ここは頭を悩ませたというコメントをいくつかいただいていて、実際、さまざまな案が寄せられました。

・食事中の不幸な出来事
・摂食事件
・食事中の事故
・食事中のちょっとしたこと
・誤食事件
・噛み切り事件

　考え出せばいくらでも候補が出てきそうな気がしますが、ある程度訳語のイメージを絞るために、ここでは何が起きたのかという「内容」と、それをどう言葉にしているかという「表現」の双方を確認する必要があります。

　内容面についていえば、ここではレストランで指を1本切断してしまったわけですから、もっともありうるのは、肉か何かをナイフで切ろうとしているときに自分の指も切ってしまった、という事故かと思われます。とはいえ、「誤食」あるいは「噛み切り」にあるような、自分の歯で指を噛み切った（！）という可能性も捨て切れません。ですので、どちらかに決めてしまうのではなく、可能性をなるだけ多く含むような訳語を選ぶべきでしょう。そうなると、「食事の」「食事中の」あたりが無難でしょうか。

　将来有望なピアニストにとっては世界が終わったに等しいような悲劇なのですが、それをフローネク本人はオブラートに包むように、"eating incident"というたった2単語でまとめています。故意か偶然かも含めて、

あまり詳しく語りたくないという心理でしょうか。ですから、日本語の訳でもあまり長くならず、漢字2, 3文字の単語をふたつペアリングするのが、原文の簡潔さをうまく反映させられると思われます。「事故」とすると偶然の要素が強くなりますから、故意とも偶然とも取れる「出来事」あたりがいいでしょうか。ということで、「食事中の出来事」が、真相が曖昧なままあっさり片付けられるという荒業的側面も含めて、しっくりくるのかなと僕が考える次第です。

　故意か偶然か、という点は、この作家の作風、さらにはユダヤ系作家による文学にもつながる問題です。ユダヤ系文学の伝統において、父と息子の関係は、神と人との関係にも重ね合わされ、息子が父の重圧にもがくというドラマを生み出してきました。たとえばポール・オースターの『孤独の発明』の第1部など、その典型と言ってもいい物語です。

　サックスの作品においては、フローネクがユダヤ系であるかどうかは語られていません。ですが、協奏曲を作曲する、すなわち創造する父と、それを演奏する、つまりは父の創造した世界のなかで生きる息子、という図式は、創造主である神と、その被創造物である世界に生きる人間という、ユダヤ的伝統に直結しています。

　父親の定めに従って生きることへの葛藤なり反発なりをフローネクは抱えていて、ひょっとすると自分でも気がつかないうちに、みずからのピアニスト人生を絶つ行動をなかば故意にしてしまうのかもしれません。しかし、指を何本失ったとしても、父親はフローネクが退場することを許してくれないわけですが……。そんな親子のドラマが、ナンセンスなユーモアによって表現されていると考えることは可能でしょう。

　それが直接訳語に影響してくるのが、従軍した主人公が左腕を撃たれるときの行動です。指揮官の回想を通して、その様子はこう書かれています。

Hronek kept kind of accidentally lifting both of his arms above the lip of the trench.

　ここでのフローネクは、自分のピアニスト人生を終わらせるためにわざ

と撃たれようとしていたとしか思えない行動を取っています。こうなると故意だろうと言いたくなるところですが、それは指揮官に言わせれば"kind of accidentally"だとのこと。さて、この部分はどう訳すのがいいでしょうか。連載時のみなさんの訳をいくつか挙げてみます。

- 何か誤ったかのように
- 無意識に
- 不用意に
- うっかりという感じで
- ちょっと誤ったか
- 思わず知らずという感じで
- 偶然のように
- 何の過ちか

これまた実にヴァリエーション豊かです。ここで気をつけるべきは、フレーズがふたつの要素、つまりは"kind of"（ある種の）と"accidentally"（偶然に）に分かれていることで、偶然のように見える行動ですが、"kind of"があることで、偶然だとは言い切れないよね、という保留がつけられています。故意か偶然か、ちょっととぼけたような語り口にすべき箇所でもありますから、そうしたことを加味すると、たとえば「どういうわけか」なんていうフレーズは案外近いのではないかと思います。

■ 4. 語るのは誰か

会話文として登場するのは、フローネク自身の「もうおしまいだ！」という叫びと、戦場で指揮官が「腕を下げろ！」と叫ぶ場面のセリフです。それ以外にも、音楽の批評家たち、あるいは戦場での様子を指揮官の回想に託して語るところにも、セリフ的な要素はありますし、フローネクの悲劇に際しての批評家たちの反応も、セリフのように訳すことは可能でしょう。そしてその背後には、一度も姿を見せず、何も言わない父親の不気味

な存在があります。

　この短編の翻訳では、セリフのように訳す言葉と、あえてセリフ的側面を抑える言葉の区別は、しっかりとつけておくべきかと思われます。なぜなら、全体としての出来事の馬鹿ばかしさと、それを大真面目に記述する語り口は、匿名の三人称の語りによって最後までコントロールされているからです。その意味では、登場人物に語らせすぎず、あくまで語り手に操られているという側面を強調するほうが、うまく原文のトーンに近づけそうです。

　そう考えれば、明白にセリフとして提示されているもの以外は、基本的に説明的な語りの一部としてのトーンを貫くことで、全体の語り口調を統一することができると思います。具体的には、批評家たちによる反応を語る "There is no coming back from this one, critics said." という文は、あまり話し言葉に近づけずに突き放したような口調、たとえば「今回こそは復帰は無理だろう、と批評家たちは言った」などと訳せば、匿名性と距離感が保たれます。あるいは、戦場での主人公の様子を指揮官が回想するくだりでは、「〜したものさ」などの語り口調は慎み、あくまで叙述に徹する、という方針が第一候補となるでしょうか。

■ 5.　時制の問題

　基本的には過去の出来事を記述する形式で進むこの短編ですが、ひょっこりと現在形が顔を出す箇所が、課題文のなかにもふたつあります。そのひとつ目で、連載時のみなさんの訳はかなり分かれましたので、そちらを見ておきたいと思います。

　問題の箇所は、フローネクが軍に入隊しないように言われているにもかかわらず入隊すると言い張ったくだりです。

"But for reasons that musicologists continue to debate, Hronek insisted on joining the army anyway."

Ⅱ
応用編

前半が現在形、後半は過去形となっています。

この時制の区別を踏まえるなら、前半は「音楽の学者たちが今でも議論を続けている理由により」となり、後半は「フローネクは結局軍に入ると言い張った」という意味になります。つまり、フローネクは何としてでも軍に入隊を希望したのだが、それがどういう理由であるのかについては、それから1世紀経った現在でも諸説あって決着はついていない、という意味になります。

とはいえ、ここまで来ると、フローネクにある種の自滅願望があったのでは、という可能性は何となく察しがつくのですが、それでも理由は分からないととぼけてみせるあたりがサックスの持ち味でしょうか。

それとは少し異なりますが、多くの方から“would”の訳し方に悩んだとコメントをいただいています。戦場で腕を上げ、注意されては下ろすもののまた上げてしまう、そんなフローネクの「奇行」を描写する際に、“would”は何度も登場しています。確かにここはどう訳すべきか悩みどころです。

ここは、習慣をはじめとして、過去に何度もあった行為や出来事を述べるときに“would”が使われるという典型的なケースだといえます。それを翻訳する際の選択肢に、過去のことだが現在形で訳すことで反復性を示す、という手段があり、それが有効だろうという気がします。たとえば、こんな具合になるでしょうか。

「フローネク！」とその指揮官は怒鳴る。「腕を下げておけ！」するとフローネクはその通りにする。だが数分もすると、腕はまた塹壕の胸壁の上にふらふらと上がってしまう。「フローネク！」と司令官は声を張り上げる。「もう二度とピアノを弾けなくなってもいいのか？」

■ 6. 文法と単語の問題

硬質な文体で書かれている文章ですから、おのずと文法や単語の選択も、ちょっと小難しいものが多めになっています。それに関して、いくつか質

問をいただいたので、僕なりの考えを述べてみたいと思います。

ひとつ目は、"Not only was he not drafted, he was actively discouraged from enlisting." というセンテンスです。文法的には、"not only ~ but also ..." の形を少し簡略化したものになっていて、「〜だけでなく…」というおなじみの形です。主人公は「徴兵されなかった」だけでなく、「入隊しないように強く勧められた」という意味になります。

単語として面白いのは、第一次世界大戦が近くなったときの "loomed" という動詞でしょうか。1単語ではありますが、何かが不気味に姿を現しつつあるときに使われる言葉で、連載時にはこれまた実に多様な訳案をいただきました。

・迫ってきた
・影が忍び寄ってきた
・不気味に立ちはだかった
・波が押し寄せてきた

この段階では、戦争が近い気配は充満していますが、まだ始まってはいません（「勃発した」であれば "broke out" などの表現が選ばれます）。その段階でフローネクは入隊し、いざ大戦が始まると、いの一番で負傷したという流れになります。ですので、「足音が迫ってきた」などの、緊迫しつつあることを示す表現が近いのではないかと思います。

それ以外にも、ガリツィアの戦いを "one of the first of the war" と説明している表現は、直訳で「大戦の初期の戦闘のひとつ」とすると「の」が続いてやや不器用な印象がありますから、もう少しこなれていて簡潔な訳語を考える必要がありそうです。「大戦初期に戦場となった」や、「皮切りのひとつである」といった案も考えられますが、それに加えて「緒戦」という便利な単語が日本語にありますから、それを使えば簡潔にまとめることができそうです。

Ⅱ
応用編

■ 7.　学生訳

　それでは学生訳を紹介します。全体の正確さもさることながら、トーンの設定が非常に精密で細部にまで行き渡っているのが分かります。

【田辺恭子さんの訳文】

> 　父が作曲した『協奏曲ロ短調』をひっさげてのデビュー公演を大喝采のうちに終えたわずか数か月後、ハロネクはプラハのレストランにおいて、本人言うところの食事中のちょっとしたことで右手の小指を失った。批評家たちはこれで彼の演奏家生命は絶たれたと断言し、ハロネク本人も引退を発表した。しかし１年も経ずしてこの男は、父が作曲した『９本の指のための協奏曲』で見事なまでの復活を果たしたのである。
>
> 　ここへきてハロネクの名声はますますとどろきわたることとなった。大陸を縦横無尽に駆けめぐり、諸国の王や首相の御前で演奏を披露した。しかるに1911年、とあるパリの軽食堂において再び食事中のちょっとしたことが彼の身にふりかかり、左手の人差し指が失われた。今度ばかりはさすがに復帰は無理だと批評家たちは言った。
> 「ぼくは終わりだ！」ハロネクは自宅マンションの階段に詰めかけた報道陣に怒声を浴びせた。「もうおしまいだ！　ほっといてくれ！」
> 翌年、当然のなりゆきとして、『８本の指のための協奏曲』が息をもつかせぬ演奏でもって世に披露された。作曲者は父である。
>
> 　遠からず第一次世界大戦が影を落とした。彼の両手の指が揃っていないこと、そして名高い文化人であることを鑑みれば、オーストリア・ハンガリー帝国がハロネクの利用価値は戦場よりもコンサートホールにあると判断したのは明らかだった。ハロネクは徴兵されなかったばかりか、むしろ入隊を思いとどまらせようという積極的な働きかけまで受けた。しかし、いまなお音楽学者たちの議論の的となっている何らかの理由によって、ハロネクはなんとしても軍隊に入ることにこだ

152

わった。

　大戦初期の戦いのひとつ、かのガリツィアの戦いにおいてハロネクはロシア軍の狙撃兵に左腕を撃たれ、肘から先を切断せざるをえなくなった。上官が後に語ったところによれば、ハロネクは期せずして腕を両方ともあげては塹壕の縁より上に突き出してばかりいたという。「ハロネク！」と上官はしょっちゅうどやしつけたものだった。「腕を下ろしとけ！」するとハロネクの両腕は下がる。しかし数分後にはまたもふらふらと胸土の上へさまよい出る。「ハロネク！」と上官がどやす。「またピアノを弾きたいと思わんのか？」するとハロネクは弾きたいと答えて再び腕を下ろすのだが、これまたその場限りなのだった。かくして、ハロネクは左腕を撃たれて切断することと相なった。

　父親はほとんど間を置かずして『右手のための協奏曲』の作曲に取りかかった。ハロネクがウィーン交響楽団とともにこの曲を演奏した戦時中の公演を、前世紀屈指のピアノ公演と考える熱狂的ファンは今なお多い。

■ 8.　藤井による訳例

　僕自身がつけてみた訳文はこちらです。少し直訳を交えてみることで、硬さを出そうと試みているのですが、はたしてうまくいっているでしょうか。

　父親の作曲による〈ピアノ協奏曲　ロ短調〉で絶賛のデビューを飾ってからわずか数か月後、フローネクはプラハのレストランで、本人いわく「食事中の出来事」により、右手の小指を失った。彼のピアニスト人生は終わった、と批評家たちは口を揃えて言った。フローネク自身も引退を宣言した。しかし、それから1年も経たないうちに、彼は父親の作曲による〈9本の指のための協奏曲〉で華々しく復活を遂げた。
　彼の名声は以前をしのぐほどになった。ヨーロッパ中を旅して回り、王や首相の前で演奏会を開いた。しかし、1911年、パリのビアホール

にて、彼はまたもや「食事中の出来事」に見舞われ、左手の人差し指を失った。

　今度こそは復帰するのは無理だ、と批評家たちは言った。

「僕はもう終わりだ！」と、アパートメントの階段に詰めかけた記者たちに向けてフローネクはわめいた。「もうおしまいだ！　放っておいてくれ！」

　もちろん、その翌年に、彼は父親の作曲による〈8本の指のための協奏曲〉を演奏し、聴衆の度肝を抜いた。

　そのうちに、第一次世界大戦の足音が迫ってきた。手の指が欠けているうえに文化的な名声を誇るフローネクは、明らかに、戦場よりも演奏ホールにいるほうがオーストリア＝ハンガリー帝国にとって有用であった。彼は徴兵されなかっただけでなく、入隊しないよう積極的に働きかけられた。ところが、音楽学者たちがいまだに議論している何らかの理由により、フローネクはどうしても軍に入ると言い張った。

　緒戦のひとつであるガリツィアの戦いで、フローネクはロシア人狙撃兵によって左腕を撃たれ、肘から先を切断することになった。部隊の指揮官がのちに回想したところによると、フローネクはどういうわけか、いつも塹壕の縁から両腕を上げた格好になっていたという。「フローネク！」とその指揮官は怒鳴る。「腕を下げておけ！」するとフローネクはその通りにする。だが数分もすると、腕はまた塹壕の胸壁の上にふらふらと上がってしまう。「フローネク！」と司令官は声を張り上げる。「もう二度とピアノを弾けなくなってもいいのか？」すると、弾きたいですとフローネクは言い、また腕を下ろすが、それも束の間のことであった。ついには左腕を撃たれて切断された。

　彼の父親はただちに、〈右手のための協奏曲〉の作曲を始めた。戦時中、フローネクがウィーン交響楽団を従えて行ったその曲の演奏は、多くの音楽愛好家によって、20世紀屈指のピアノ演奏だとされている。

■ 9.　フローネクのその後

　今回の物語でもそうですが、妙なシチュエーションが何度も反復されることで笑いを生み出すというのが作者であるサックスの持ち味で、それはこの作品においても容赦なく追求されていきます。つまり、フローネクの不幸はまだまだ続くことになります。

　戦争も終わって数日後、プラハで彼はまたも「食事中の事故」に遭って親指を、そのひと月後にはもう１回「食事中の事故」で薬指を失います。すでに片腕を失っていますから、残る指は２本しかありません。しかし、不屈の父親はそれでも諦めずに〈２本の指のための協奏曲〉を作曲し、その演奏は、音楽的には疑問符をつけられたものの批評家たちを圧倒します。ところが彼を待っていたのは「狩猟中の事故」で、右腕の肘から先を失います。フローネクはこうして両腕を失ってしまいました。任せとけ、とばかりに父親は〈２本の肘のための協奏曲〉に取りかかりますが、その完成を待たず、フローネクの溺死体が川で発見されるという展開を迎えます。しかし、それでも父親は諦めず、息子が死体になっても弾けるピアノ協奏曲の完成を目指し……。

　という次第です。最後にタイトルである "Concerto for a Corpse" の意味が分かってくる、というじわじわ可笑しい物語です。

　サックスは父と息子というユダヤ性を色濃く帯びた主題を、ヨーロッパからアフリカ、果ては日本まで、アクロバティックなほどあちこちに飛び移るようにして語り直すことを選びました。このように、作家自身が抱えた何らかの主題を、別の文化や時代に設定して語ってみる、という傾向は、現代の英語文学においてさまざまなところで見ることができます。

　代表的なのは、１作ごとに「ロケハン」を行って舞台を大きく変えるカズオ・イシグロでしょうか。それ以外にも、人間の主観が抱える矛盾を微生物に投影するセス・フリード（『大いなる不満』所収の「微小生物集」）、移民による「ホーム」喪失の経験を、アレクサンドロス伝説や国連が宇宙ステーションに退避する設定で語るインド系作家カニシュク・タルール

（『星空を泳ぐ者』 *Swimmer Among the Stars*, 2016）といった作家たちが、21世紀には活動しています。特定の土地と、そこに住む人々を描くよりも、ある条件に置かれた人の姿を、世界のあちこちを舞台に見つめようとする作風が、グローバル化の進行した英語文学のひとつの形になっているといえるでしょう。

5

単語と文法という基本に立ち返る

アメリア・グレイ
「遺産」（2015）

　最後は、アメリア・グレイ（Amelia Gray）の「遺産」（"Legacy"）とい
う掌編からです。グレイの名前を見たことがあるという方もおられるかも
しれません。この作家のデビュー作である『AM/PM』という本が、作家
の松田青子さんの翻訳で刊行されています。こちらも素晴らしい味わいの
ある本で、どこかずれた人たちの織りなす孤独な人間模様が可笑しいやら
悲しいやら、という作品です。

　"Legacy" が収められているのは、グレイの第3短編集にあたる *Gutshot*
という作品です。物語の最初から中盤にかけての部分を、ここでは課題と
して取り上げます。

Keepers here are required to do more than trim and water the
plots, make a note of sinking or cracking, seed bare patches,
feed the peacocks, and feed the cats. This is the last piece of
luxury property most people ever own apart from acquisitions in
the afterlife, and so there're a few special things we do to make
the investment worth it. The slings and trappings all find their
way here. We know how to treat such matters with respect.

　　You'll recall the pharaohs were entombed with whatever
they wanted to hang on to: usually women and cats, pots of

honey. These days, we might pour in a shipping crate of golf balls before nestling the linksman into the dimpled rough and covering him up with a soft layer of tees. We had a starlet request her casket be filled with vodka, the good stuff. We floated her in it like an olive and locked it down. She didn't spring for watertight, though; for five months, the grass wouldn't grow. We had to lay down plastic turf.

A tax man had a crate of mice scattered through his mourners so he could be entombed with the sense of panic he inspired. A ballet instructor wanted her students to pas de bourrée in the grave to tamp down the soil before she was placed. We got the girls out before their teacher was lowered in, but for a little extra, who knows ---- maybe we would have looked away, have one of them do a solo piece while we backed in the dirt.

There was the assistant, beloved by all on the lot next door, who was placed in a grave we left unmarked but for a stone bench so his boss could sit and yell Martin! Get on the fucking call! and similar for many glad hours. The studio even financed a granite letter tray. Every full moon, they say, a ghostly figure deposits three duplicates of a contract to be sent to Legal.

　なんともユニークな墓地ですね。もちろん架空の墓地なのですが、ここに葬られるのも悪くはないかもしれない、と思えてきます。とはいえ、翻訳するという立場からこの文章を改めて見てみれば、かなり難しい文章であることは間違いありません。

　その難しさの原因が何かといえば、この掌編（いわゆるショート・ショート）の場合は、かなり表現が圧縮されている書き方になるからです。長編であれば各場面やエピソードをもっと言葉を費やしてゆったりと語るところが、短めの短編となると、それぞれの場面が何を描いているのかを見極

めるための手がかりはひとつしかない、ということがありえます。アメリア・グレイの文章は、まさにその典型です。

そんな場合は、①文脈からある程度意味を絞りつつ、②文法や単語のニュアンスをなるだけ正確に読み取って訳語を確定させていく、という作業が大きなウェイトを占めることになります。どちらも基本中の基本ではありますが、グレイの文章はそれがかなり高度に試されます。

■ 1. 全体のトーン

まずは語り口調についてです。語り手となるのは "We" で、読んでいくうちに墓地の関係者であることが分かってきます。第1段落の "This is the last piece of luxury property most people ever own apart from acquisitions in the afterlife" という箇所では、わりあいフォーマルな言葉遣いを使用しています。くだけた口調なら "what they get" と言ってもいいところを "acquisitions" という単語をわざわざ選んでいるわけですから、手堅い感じの文章だということができるでしょう。ほかにも、"property" や "investment" など、解説的な単語が登場しますから、「きっちりしている」というトーンがうかがえます。

一方で、第2段落の冒頭には "You" が出てきます。1箇所だけとはいえ、説明する相手を想定していることがうかがえます。さらに、第3段落の終盤になりますと、"who knows" という、やや会話的なフレーズも出てきます。そのあたりから、語る相手が実在するかどうかはともかく、話しかけるような口調で文章が進んでいくと想定しても OK でしょう。

そうしますと、もっともぴったりくる口調としては「見学に来た人を相手に営業担当が解説している」というものになるでしょうか。つまり、単語としてはあれこれ難しいものがちりばめられている一方で、全体としては丁寧な口調です。それを総合するなら、「ですます調」を有力な候補として考えてみたいと思います。"You'll" や "there're" などの省略形は、話し言葉のトーンにともなって出てくると考えてもいいでしょう。応募された方のなかでは、「～です」と「～だ」の口調の割合はちょうど半々くらいでした。

II
応用編

■2. 単語をどこまで訳すのか

　トーンをこうして設定すると、次は具体的な文章を訳していくことになります。今回難しいのは、ちょっと意味の取りづらい単語やフレーズが随所に見られる点と、翻訳がどこまで意味を「解説」すべきか判断に迷う箇所がある点です。具体的にいくつか見てみましょう。

　最初の段落では、設定がはっきりとは述べられないまま、物語がスタートしています。"Keepers here"、あるいは "This is the last piece of luxury" などで、おそらくはなんらかの施設を指していることが推察されますが、でもいったい何の話なんだろう……と思わせておいて、第2段落で "entombed" が出てくるところから本格的に「墓地」の話であることが分かってくる、そんな構成です。

　そうしますと、翻訳で最初の段落に「墓」や「埋葬」といった単語を使うのは避けておくほうが、原文の狙いには近いと思われます。具体的には、最初の文の "here" を「この墓地」とするのではなく、「ここ」や「当地」、かなり説明的にするにしても「当園」あたりで止めておく、ということになるでしょうか。翻訳する側は、物語の先まで読んで設定をきちんと理解したうえで訳し始めるので、ついつい早い時点から意味を確定させたくなりますが、じわじわ状況を明らかにするという原文の性質に応じて親切心を多少抑制するべき場合もあり、この課題文はその典型的なケースといえるでしょう。

　逆に、原文がやや曖昧な言葉遣いをしているところを、ちょっと親切に訳してあげるべき箇所もあります。第1段落で、僕も「？」となったのが、"The slings and trappings all find their way here." の主語2つは何を指しているのか、という問題です。特に "the slings" は「投石器」なのか「ぱちんこ」なのか、「吊り包帯」なのか、はたまた「抱っこ紐」なのか……。たいていの場合ですと、前後の文脈で意味の範囲は絞り込むことができるものですが、この箇所は文脈が見えづらいというのが難点です。何か特別なフレーズがあったかどうか確認しようと思い、Google 検索をかけてみると、出てきたのは課題に選んだこのグレイの文章だったので、振り

出しに戻るというか無限ループにはまった感じです。

　僕も推測の域を出ないのですが、"trappings"がもっぱら「装飾」や「馬の飾り」を意味することはほぼ間違いないので、そのうえで、次の段落での副葬品の説明につながるように考えるのであれば、たとえば「ぱちんこや馬具飾り」という可能性はあるでしょう。この場合、主語になっているふたつの単語のあいだには明確な関連性はなく、幼少期の思い出の品から、大人になってからのステータスを示す品まで、墓地では幅広く受け入れています、ということだと解釈すると、次の段落以降の、ゴルフボールからウォッカ、ネズミからバレエ教室の教え子まで、というバラエティにもつながります。

　あるいは、"slings"もある種の武具の飾りに近い意味、「銃などの吊り帯」と考えるのもひとつの解釈だと思います。この場合、墓に入る故人は狩りが好きな人か、あるいは昔の騎兵隊の将校のような人で、自分にとって誇りとする品とともにお墓に入るのだ、という状況だと、それなりに意味は通ります。あるいは、そのほかのスラングの可能性もあり、絶対にこれだと決定するだけの材料がないのですが、後ろとのつながりを考えれば、前の段落で挙げた「幅広さ」の可能性が一番ありそうでしょうか。

　といっても、どの訳を選ぶにしても、何を言いたいのかはまだ曖昧なままです。そこで、この場合は思い切って意訳する選択肢が妥当かもしれません。つまり、単語の意味を忠実に訳しても文意が伝わりづらいため、「故人にとって大事なもの」という意味を優先した訳語をあてるということになります。連載時にそれを試みられた方もわりと多くおられました。いくつか挙げてみます。

・ありとあらゆるご希望に、柔軟に対応いたします。
・身の回りのものや装飾品はすべて、最後にはここに行き場を得ます。
・どんな無理難題も大丈夫。

　どれも優れた訳し方だと思います。物を主語にして、"all find their way here"と続くセンテンスの全体としては、「AもBも、すべてここにたど

5

単語と文法という基本に立ち返る

り着く」という意味になります。そのあたりも意訳でうまく対応して、「A も B もすべてここに納められます」といった形などで訳せるかと思います。

第 2 段落の "pharaohs" は、エジプトのファラオのことを指します。意味をやや広く取って「専制君主」や「暴君」とされていた方もおられましたが、アメリカ文化で "pharaohs" が出てくれば、ほぼ 100% エジプト王を指すと考えていいのではないかと思います。その理由としては、1990 年代から 21 世紀に入っても次から次に制作される、古代エジプトやらミイラやらがテーマの映画の数々が挙げられます（『ハムナプトラ』シリーズや『ナイト ミュージアム』シリーズがその典型です）。ヨーロッパではどうなのか、僕はよくは知りませんが、アメリカ人はとにかくエジプトとミイラが好きなようです。

イメージするのが難しい単語や表現は、まだまだ続きます。ウォッカのなかに沈めてほしい、という若手女優のケースは、"We had a starlet request her casket be filled with vodka, the good stuff." と説明されています。最後の "the good stuff" は、一見して文の構造からは浮いたフレーズですが、ウォッカを追加で修飾する情報になっていて、「しかも上質の」という意味で用いられていると思われます。その念願は叶えられましたが、続いて "she didn't spring for watertight, though" と書いてあります。こちらの訳は応募されたみなさんのあいだでもかなり分かれたのですが、"spring for ..." の口語的な使い方として「〜に出費する」という意味があることから考えて、埋葬用のウォッカを買ったはいいものの、スター女優までの立場ではないのでそこでお金が尽きてしまい、棺の防水加工代は出さなかった、という文のつながりが一番自然に思えます。結果として、アルコール分が土壌に染み出してしまい、5 か月も草が生えてこなかったという展開になります。実際にウォッカにそのような効果があるのかどうかは僕も知りませんが……。

最後の段落で紹介されるアシスタントのマーティンのくだりでは、"the lot next door" が何を指すのか、手がかりが少ないまま進めていかねばなりません。「ご近所」なのか「隣の区画」なのか、これだけではちょっと決めかねますが、次の文に "the studio" という単語が出てきますから、

"lot"に「映画撮影所」という意味があるのと「映画スタジオ」としての"studio"とのセットで考えると筋が通りそうです。そうすると、最後のほうの"contract"は映画製作に関係する出演などの契約書を指していることになります。

どれも手がかりは最小限に切り詰められていますが、意味がまったくつかめないというほどではなく、探偵に近い気分で翻訳することになります（事件が解決できたのかは分かりませんが）。それがショート・ショートを翻訳するときの味わいだということになるでしょうか。

■ 3. 文法から意味を確定させる：使役と仮定法

今回の文章は、短いながらも文法的に面白いポイントがいくつかあります。一番特徴的なのは、使役の"have"が複数登場することでしょうか。たとえば、税務署の人がネズミを使ったいたずらは、"A tax man had a crate of mice scattered through his mourners"と表現されています。この場合の"have"は、目的語にあたるものに「～させる」という使役の用法で使われています。大箱いっぱいのネズミを散らさせる、あるいは散らしてもらう、という意味です。主語にあたる人はすでに世を去っているので、葬儀のときには担当の人に頼んで何かをしてもらうしかありません。その状況を考えれば、使役の構文が出てくるのは自然な流れだといえます。もう1箇所出てくる使役の"have"については、少し後でご紹介したいと思います。

"The slings and trappings"に並ぶ難点だったのが、バレエ講師の葬儀に際しての、次のくだりです。"We got the girls out before their teacher was lowered in, but for a little extra, who knows — maybe we would have looked away, have one of them do a solo piece while we backed in the dirt."この文の"but for a little extra"以降は、何のことを指しているのでしょうか。ここは文法のポイントがいくつも集中している山場です。

まず、"for a little extra"は、お金の支払いに関するフレーズです。たとえば「10ドルで」何かを買ったときの表現が"for ten dollars"になるの

と同じ形で、金額の代わりに"a little extra"があるわけですから、「ちょっとした追加料金で」という意味です。このバレエの先生、葬儀や墓地の代金のみならず、何か特別リクエストをしていたようです。

ただし、その直後には"who knows"というフレーズが挟み込まれています。直訳すれば「誰に分かるだろう」あるいは「誰にも分かりっこない」という、よくあるフレーズですが、その直前に置かれている、追加料金で何かのサービスがあったことに対して、「まあ分からないけど」と、真偽のほどを曖昧にするために導入されています。それまでは葬儀に際してのサービスぶりをアピールしてきたわけですから、今回はちょっと言葉を濁さねばならない事情でもあるのでしょうか。

その事情は、ダッシュ以降の"maybe we would have looked away"から最後にかけての文で明らかにされます。仮定法が使われているこの箇所は、「もし～」にあたるのが"for a little extra"だと思われます。本当かどうかはともかく、もし追加料金の支払いがあったのなら、「私たちは目を背ける気になったかもしれない」という意味です。

それに続けて、"have one of them do a solo piece while we backed in the dirt"として段落は閉じられます。ここの"have"は、先ほど出てきた使役の形の構文です。「そのひとりにソロを踊らせる」という意味になり、"them"は"her students"ですから、この全体は、「教え子のひとりにソロを踊らせているあいだに土を戻そうという気になった」という内容になります。

つまり、追加料金をもらった「私たち」は、特別リクエストに応えて教え子のひとりを葬儀のときに生き埋めにしてしまったという、なかなか衝撃的な出来事を語っているわけです。どう見ても殺人行為ですから、過去形で「～しました」とは語ることができず、"who knows"というフレーズと、"maybe we would have ..."の仮定法を使って、「そんなサービスもするかもしれませんが、どうなんでしょう」とぼかして説明しているわけです。内容が内容だけに、歯切れが悪いのも納得という感じでしょうか。

■ 4. フレーズの訳語を工夫する

　訳文のトーンに合わせる形で、ちょっとしたフレーズをどう日本語で表現するのか、工夫のしどころもいくつかありました。面白い箇所には事欠きませんが、いくつかピックアップしてみたいと思います。

　第1段落に登場する、"so there're a few special things we do to make the investment worth it" という箇所は、連載時の応募文でさまざまな案が寄せられました。意味としてはすんなり分かる文章ですが、"investment" を「投資」とするより噛み砕いて訳してみたい、あるいは "worth it" は「その価値がある」以外に何か工夫できないか、と考えれば、いろいろと可能性が出てきます。

・お金をかけるだけの価値のある特別なものを、私どもはご用意しております。

・それ相応の費用を払っても惜しくないような特別な品だって用意してある。

・高いお買い物が無駄にならないように努めているのです。

・お金をつぎ込むに足る特別仕様がうちにはいくつかある。

・私たちはその値段に見合うだけの特別なサービスをしなければならない。

　どれも無理のない言葉の流れで作られていて、僕も勉強になりました。僕自身は、「それに見合う買い物だと思っていただくべく、私たちも特別なサービスを提供しています」としてみました。

　もうひとつ挙げるとすれば、最後の段落に出てくる、"his boss could sit and yell Martin! Get on the fucking call! and similar for many glad hours" という箇所でしょうか。"Martin! Get on the fucking call!" が上司のセリフで、こちらのセリフをみなさんがどう訳していたのかも面白かったです。

・マーチン、ほら電話だ

・マーチン！　さっさと電話に出ろ！

・マーティン！　電話に出やがれってんだ！

・マーチン！　さっさとクソ電話に出ろ！

・マーティン！　電話が鳴ってるぞ！

Ⅱ 応用編

　僕はわりとシンプルに「マーティン！　さっさと電話に出ろ！」にしました。四文字言葉の"fucking"自体は日常会話で非常によく出てくる言葉ですから、特に強烈な言葉に訳すよりは、おいボヤッとするなよ、というトーンくらいにして、愛情を込めて叱り飛ばしている雰囲気が出ればいいかなと思った次第です。

　"and similar"は、ちょっと文法的にはくだけていますが、直前のセリフとのつながりで「～などと」や「～とかなんとか」といった意味で使われているようです。お気に入りの部下の墓を訪れて、生前の職場でのやりとりをしばらく楽しむ、そんなお墓参りなら僕もやってもらいたいです。自分の墓に毎日違う英文が表示されるようなつくりにして、やってくる人がそれを翻訳して帰るとか……コミック版『風の谷のナウシカ』の終盤に出てくる墓所みたいですが。

■5.　質問に関して

　ここまで取り上げた点以外にも質問をいただいていますので、僕に分かる範囲でお答えできればと思います。

複数形が続くところ peacocks ... cats や women and cats など、「たち」がうるさくならないように訳すにはどのようにしたらいいのでしょうか？

　これは昔ながらの、でもいまだに難しい問題です。複数であることを示すか示さないかでは、読み手に与えるイメージが変わってしまうことがよ

くありますから、できれば複数であることを反映したいところです。たとえば「ネコの餌やり」などにしてもいいのかなと思いますが、より厳密にするために、「〜に餌をやって回る」という形にすれば、複数であることが伝わるかもしれません。

　選択肢としては、①名詞本体を「〜たち」にする、あるいは②「数台の〜」や「数匹の〜」にする、さらに③今回のように動詞で複数を表現する、というあたりがありえるでしょうか。

> **"," で並列にされた名詞や "──" でつながれた部分の訳し方について、ユーモアがより濃く出たらいいなと思い、（　）の中に入れました。この処理は、翻訳の過程でどの程度許されるのでしょうか？**

　これは訳者によって答えがばらばらになるのではないかと思いますが、僕個人は括弧をあまり使わないようにしています。括弧抜きの本文では表現しきれないがゆえに、やむなく（　）を使ったようにも読めてしまいますし、そう思われてしまったら原文に申し訳ないかなと思うので、原文で括弧を使っていないかぎりは僕も使わないようにしています。

■ 6.　学生訳

　続いて学生訳を紹介します。全体として口調が非常に自然で、意訳の混ざり具合もこなれた文章になっています。

【田辺恭子さんの訳文】

> 　ここの墓守の仕事は、各区画の草木の手入れや水やり、地面の沈下やひび割れのチェック、草がはげたところへの種まき、猫やクジャクたちへのえさやりだけではありません。墓というのは、あの世で手に入れる物を別にすれば、たいていの人にとって人生最後の所有物となる高級物件ですから、その投資に見合ったものにするべく、わたした

ちとしても少々特別な計らいをします。投石器から豪華な装飾品まで、さまざまなものが墓の中までついてまわるのです。どのようなものでも、心をこめてお支度します。

　ご存じの通り、かつてファラオたちは、手元においておきたいものと共に葬られました。ふつうは、女たちや猫たちやいくつもの蜂蜜の壺と一緒に。近頃では、貨物用の木箱いっぱいのゴルフボールを流しこんでから、ゴルファーの体をそのでこぼこのラフの上に横たえ、ゴルフティーの層でふんわりと覆い隠すこともできます。将来を嘱望されていたある若手女優の望みは、棺をウォッカで満たしてほしい、それも上物で、というものでした。私たちはさながらオリーブのごとく彼女をウォッカに浮かべて、しっかりとふたを閉めました。ただしこの方は防水処理代を払わなかったので、5ヶ月のあいだ、その墓にはぺんぺん草1本生えませんでした。わたしたちのほうで、ビニールシートを敷きこむことになりました。

　ある国税官は、木箱いっぱいのネズミを葬儀参列者のあいだに解き放つよう手配して、自らかき立てたパニックと共に葬られるようにしました。バレエ教師をしていた女性は、教え子たちに墓穴の中でパ・ドゥ・ブレをさせ、底の土を踏み固めてから棺を入れてもらいたいと望みました。棺を下ろす前に少女たちを出してやりましたが、ちょっとした余興として、もしかしたら——誰かひとりにソロを踊ってもらって、それを横目で見ながら穴を埋め戻す、というようなこともあったかもしれません。

　また、すぐそこの映画スタジオで関係者全員に愛されていたアシスタントの男性が眠る墓には、石のベンチがひとつきり、それ以外に墓標らしきものは一切建てていません。おかげで故人の上役はそこに座って、「マーティン！　さっさと電話に出やがれ！」とかなんとか、何時間でも楽しく怒鳴りつけていられるわけです。スタジオはご丁寧に御影石製のレタートレイ代まで出してくれました。なにやら満月のたびに、法務部に届ける契約書のコピーを3部、そのトレイに入れていく亡霊のような姿が見られるという話です。

■ 7. 藤井による訳例

それでは、僕が作ってみた訳文です。

　当地の管理人たちの仕事には、草木を手入れして敷地の水をやり、地面の沈下やひび割れをチェックして、芝がはげた場所に種をまき、クジャクやネコに餌をやって回ることなどがありますが、それだけではありません。ここは、来世でもらうものを別にすれば、ほとんどの人にとっては最後の思い切った出費になるわけですから、それに見合う買い物だと思っていただくべく、私たちも特別なサービスを提供しています。生前の大事な品々は、すべてここに納められます。そうしたことには誠意をもって対応いたしております。

　ご存知のように、エジプトのファラオは、女性なりネコなり蜂蜜の壺なり、手放したくないものとともに埋葬されていました。現代の私たちは、木箱いっぱいのゴルフボールを注ぎ込んでから、凹みのあるラフの上にゴルファーの方を横たえ、その亡骸をティーでふわりと包み込んだりします。若手女優からは、上等なウォッカで棺を満たしてほしいという要望がございました。私たちは彼女をオリーヴのように浮かべて棺の蓋を閉めました。ただし、防水加工の代金は出していただけませんでした。その後5か月も草が生えず、結局は人工芝を敷くことになりました。

　ある税務署署員は、大箱いっぱいのネズミを参列者の間にぶちまけさせ、自分が巻き起こした騒動とともに埋葬されました。バレエの講師は、教え子たちに墓の中でパ・ド・ブーレを踊ってもらい、土を踏み固めてもらってから埋められたいと希望しました。私たちは、女の子たちを外に出してから棺を下ろしましたが、ちょっと追加料金でもあったのかどうなのか、もしかすると私たちは目をそらしておこうという気になり、生徒のひとりにソロを踊らせているあいだに土を戻してしまったかもしれません。

　隣の映画スタジオで人気者だったアシスタントのお話をしましょ

> う。彼のお墓の目印といえば石のベンチだけで、彼の上司がそこに腰掛けては、マーティン！さっさと電話に出ろ！などと怒鳴って楽しいひとときを過ごせるようになっていました。スタジオは御影石のレタートレイの費用まで出しました。噂によれば、満月のたびに幽霊のような人影が現れ、法務部に送る契約書の写しを3通置いていくそうです。

　グレイは自分の人生との調和が取れていない人々の姿を描き出すことに長けた作家です。そして、第Ⅱ部第4章で扱ったサックスのように、それを描くにあたってのネタはかなり豊富に持っている書き手でもあり、長編小説が2冊、短編集が3冊と、精力的に執筆していますので、この先もさまざまなところで読者を楽しませてくれそうです。

　そのグレイですが、2017年からはテレビシリーズの脚本の仕事に進出し、そちらでも高い評価を得ています。作家本人の公式ウェブサイトに行くと、プロフィール欄に"Amelia Gray is a screenwriter and the author of five books"と書いてあり、脚本の仕事のほうにかなりやりがいを感じているような気配があります（小説もいっぱい書いてほしい……と僕なんかは切に願ってしまいますが）。

　これは彼女にかぎった話ではありません。特にNetflixなどのストリーム配信が一気に盛んになるにつれて、現代作家の小説が映像化されることが増え、それと同時に、現代作家が番組制作に関わるというケースも増えてきました。

　代表的な例だと、『センス8』というシリーズは、脚本を書くにあたってアメリカ作家（ただしボスニア出身）のアレクサンダル・ヘモンと、日本で暮らした経験もあるイギリスのデイヴィッド・ミッチェルを起用するという、とんでもない贅沢な陣容になっています。また、ペルー出身の作家ダニエル・アラルコンは、合衆国内でのスペイン語によるラジオ番組を立ち上げ、さまざまな地域からの情報をドキュメンタリー番組として制作してひとつのストーリーにまとめるという作業にも関わっています。

　本として出版されるものであれ、テレビやパソコンやラジオで触れる番組であれ、そこには言葉があり、物語があります。そして、言葉を組み立

てながら物語を動かしていく才能に恵まれた作家たちは、各種のメディアを通じて、物語を発信し共有しようとしています。

岩本正恵さんとの、後からの対話
―― 21 世紀のアメリカ小説をめぐって

III

岩本正恵さんとの、後からの対話

　僕自身は岩本正恵さんに直接お会いしたことはなく、翻訳の文章を通してしか知らずじまいでした。アメリカ文学の勉強をもう少ししてみたい、と思って大学院に進学してから2，3年したころ、作者の名前も訳者の名前も、さらにはクレスト・ブックス（新潮社）というレーベルのことすらろくに知らずに手に取った、アンソニー・ドーアのデビュー短編集『シェル・コレクター』（*The Shell Collector*, 2002）の文章に魅せられたのが、おそらくは最初の出会いだったはずです。その後も岩本訳にさまざまな形で触れ、やがてはドーアの『すべての見えない光』の翻訳を僕が引き受けることになり、改めてその翻訳のお仕事から学ぶという機会がありました。

　2003年にその『シェル・コレクター』、2004年にアレクサンダル・ヘモンの『ノーホエア・マン』（Aleksandar Hemon, *Nowhere Man*, 2002）が出版されました。そのころが、岩本さんが翻訳者としての評価を確かなものにされた時期だろうと思います。それは同時に、21世紀のアメリカ文学と文化が作っていくことになる潮流とも、不思議なほど歩調を揃えていました。

　それらはすべて、後から振り返って初めて見えてくるものでしかありません。この第III部は、岩本さんの「後」にいる者のひとりとして、現代アメリカ文学の翻訳者となった僕なりの、数年遅れの対話の試みです。

■ 1.　アンソニー・ドーアと共感の美学

　ドーアのデビューは、アメリカ生まれの作家が、アメリカだけでなく世界の各地を舞台として物語を作り、そのなかで他者への共感を軸に据えるという、アメリカの想像力のグローバル化を本格的に告げていました。そして、それは今でも続いている傾向です。

　それ以前の世代の作家たち、たとえばウィリアム・T・ヴォルマンやデニス・ジョンソンなどは、世界中を旅しながらも、そこで出会う他者と対等な関係を築くことができず、むしろアメリカ人として振る舞うがゆえに世界を毒してしまうことに直面せざるをえない主人公を物語の中心としています。アメリカ合衆国が世界にさまざまな形で関与するなかで抱えてしまっ

た「業」を、そうした作家たちは個人の物語というレベルでも引き受けようと試みています。

一方で、ドーアの足取りはより軽やかなものです。『シェル・コレクター』には、スカンジナビア半島まで釣り旅行をしながら、どうしても他国の客との勝負にこだわってしまうアメリカ人客をユーモラスに描く、その名も「7月4日」という一編があります。アメリカ人であることの「業」を、深刻になりすぎることなく、少し離れたところから眺めて楽しむような視線が、そこには存在します。

アメリカ的な視点とは少しずれたこの想像力を、もう一歩先に進めれば、1989年にリベリアで発生した内戦から逃れた若者を主人公とする「世話係」に行き着きます。武装勢力に命じられて男性を処刑する役を引き受けさせられた若者ジョゼフは、やがて、タンカーに乗り込んでアフリカ大陸を離れ、オレゴン州の海岸沿いにある邸宅の世話係となり、その邸宅のひとり娘である小さな女の子と交流するようになっていきます。

ひと世代前のアメリカ作家であれば、そのアメリカ人の女の子を主人公に据え、ジョゼフを「他者」として物語を構築したかもしれません。あるいは、リベリアという国自体が、アメリカ合衆国での解放奴隷が建国したという経緯を背景にして、「アメリカ」について語るステップにしたかもしれません。ですが、ドーアは生まれた国も、人種も、文化も、何もかも違う人物を主人公として選び、彼の精神的葛藤を最後まで見つめることを選んでいます。どれほどの差異があろうとも、物語を通じて他者の経験に入り込むことは可能であり、そこに国境を超えた「共感」が生まれうるはずだ。そうした信念を、ドーアは今にいたるまで手放したことはありません。

それは多くのアメリカ人読者にも当てはまるものでしょう。多文化主義が進行し、「移民国家」として自分たちを定義することがごく当たり前になった、今世紀の合衆国においては、グローバルな人や物や情報の行き来のなかで自分たちの居場所を探す営みが盛んになってきます。読書という行為も、そうした読者の要求に応えるようにして、さまざまな境界線を越えたところで成立する「私たち」というコミュニティに参加するという意味を獲得するようになっています。ドーアの登場は、そうしたアメリカ文

学のグローバル化をはっきりと告げていました。

■ 2. アレクサンダル・ヘモンと断絶の美学

　同時に、そこにはひどく単純な疑問も潜んでいます。それほど簡単に、他者とは理解しうるものなのでしょうか（ドーアはそれが簡単だとはひと言も書いてはいませんが）。国を超えた共感を大々的に掲げることで、他者とはどのような存在なのかを見失ってしまう危険はないのでしょうか。そうした問題を、岩本さんが次に翻訳を手がけたアレクサンダル・ヘモンは問いかけます。

　旧ユーゴスラヴィア時代のボスニアに生まれたヘモンは、1992 年、合衆国を取材で訪れているときに母国で内戦が激化し、帰国することができずにそのまま留まったという移民作家です。母国にいるボスニア人たちと引き離されてしまったことから、ヘモンは母語のボスニア語で書くことを断念し、英語作家として歩み始めました。

　ユーゴスラヴィアという国家の分裂と凄惨な内戦、そして母国との突然の別離。あらゆる面で深い断絶を抱え込んだことで、手軽に他者に共感できるはずがない、そんな思いは絵空事にすぎない、と突き放すほかない作風を、ヘモンは探求していくことになります。

『ノーホエア・マン』は、ボスニアのサラエヴォで生まれたヨーゼフ・プローネクの青春時代と、そしてアメリカに派遣されて帰れなくなった彼がシカゴで生活を続けようと苦闘する様子を、正体の分からない語り手が描いていきます。プローネクは、アメリカ人の女性レイチェルと付き合うようになりますが、そうやって暮らしているのが自分自身であるという感覚をどうしても得ることができません。自身との不調和に苦しむ彼はやがて、部屋にあるものを手当たり次第に破壊し始めます。「僕を見たいのか？　本当の僕を見たいのか？」と叫びながら。単純に他者に共感し、理解することができるというポーズを、プローネクは激しく拒絶します。それでも、救われたいという願いを捨てられはしません。その願いはどうすれば叶えられるのでしょうか。

世界にいる誰かとつながることができるはずだ、というドーアの感性と、まずは深い断絶を受け入れることを求めるヘモンの感性。ほぼ時期を同じくして岩本訳で登場したそのふたつのベクトルは、表裏一体となって21世紀のアメリカ文学を動かしてきました。前者には、無国籍な寓話という形でさまざまな読み手に接続しようとするセス・フリードやマヌエル・ゴンザレスといった作家たちが連なっていきますし、後者には、移民の物語を更新するダニエル・アラルコンや、ジェンダーや文化の溝を探求するジェン・シルヴァーマンといった書き手が続くことになります。僕自身が翻訳者として関わった作家たちの「原点」めいた萌芽が、岩本さんの翻訳した作品にはすでに現れていました。

■ 3. 岩本正恵と翻訳者の美学

そういった大まかな枠組から視線を移せば、岩本さんの翻訳者としての文体にも、学ぶべきことは本当に多くありました。もちろん、柴田元幸訳、岸本佐知子訳をはじめとして、僕は多くの翻訳者から学んできました。ただ、漢字を使うかひらがなを使うかといった細かい点に至るまで翻訳の文章に分け入ったのは、岩本訳のアンソニー・ドーアが初めてです。英語の文章の「息づかい」をどう読み取り、それをどうやって日本語に定着させるのか、岩本訳はまさに理想の教材だったといえます。

ドーアは現在形で書く作家でもあります。しかし、英語の現在形よりも、日本語の現在形のほうが、小説に使用するとなるとハードルは上がります。現在形はといっても英語の動詞は形がさまざまなのに対し、日本語の動詞は「る」あるいは「う」で終わる形がほぼすべてなので、単調な文章になってしまう危険がつきまとうからです。

岩本訳のドーアは、そうした問題を見事に乗り越えながら、日本語としての美しさを隅々まで感じさせてくれます。たとえば、リベリア内戦から逃れようとする若者ジョゼフを描く「世話係」（"The Caretaker"）には、内戦のさなかで隣人が吐き捨てるように残していった言葉を、アメリカに渡ってから主人公が反芻するくだりがあります。

Save yourself, the neighbors had told him. Save yourself. Joseph wonders if he is beyond saving, if the only kind of man who can be saved is the man who never needed saving in the first place. (140)

内戦という状況に押し流されるようにして行動するほかなく、そのなかで人の命を奪った主人公ジョゼフには、救いを求める権利があるのか。それとも、望まなくても取った行動を一生背負っていくほかないのか。人は運命に抗えるのかという、ドーアに典型的な主題が、ここにも現れています。

救われたきゃ、自分でなんとかしろと隣人は言った。自分のことは自分で救え。ジョゼフは思う。自分はもはや救いに値しない人間なのだろうか、そもそも救われるのは、はじめから救いなど必要としない人間だけではないのか。(180)

この訳文は、"Save yourself" と二度繰り返される英語のフレーズを、「救われたきゃ、自分でなんとかしろ」と「自分のことは自分で救え」と訳し分けることで、混乱のさなかでの捨てゼリフとしての臨場感を再現しています。そしてなによりも、"wonder if 〜" と続いていく文を分け、"if" 以下をジョゼフのセリフとして訳出することによって、「声」という側面がより鮮やかに浮かび上がるようになっています。こうしたさりげない細部を決して見落とすことなく、言葉を重ねていくなかで世界を立ち上がらせる、そんな翻訳者としての姿勢が現れているでしょう。

もうひとつ、1920 年代のドイツに生まれ、孤児院に預けられ、その後アメリカ合衆国に渡ることになるユダヤ人少女エスター・グラムの生涯を綴る、『メモリー・ウォール』（*Memory Wall*, 2011）の最後を飾る短編「来世」（"Afterworld"）も取り上げたいと思います。ドーアの次作となる『すべての見えない光』といくぶん重なり合うこの短編にも、「光」をめぐる美しい文章は折々に姿を見せます。たとえば、冒頭付近の場面です。

No entryway, no front walk. No paths trampled through the

thistles. There are only the blank faces of the neighboring houses and lank curtains of ivy dangling from gutters and a single gull floating above the broken street. And the light, which seems to carry thousands of miles before it passes over the rooftops in an obliterating silence. (189)

　目を覚ました少女たちが恐る恐る覗く周囲の風景からは、人がすっかり消え去っています。人のいない世界を描写するドーアの筆致は、イメージの喚起力や比喩の使い方など、いつもながら見事です。

**　建物につづく小道も、通路もない。アザミを踏みしだいた小道もない。あるのはただ、まわりの家の虚ろな顔と、雨樋から垂れるツタのひょろりとしたカーテンと、舗装の割れた道の上空に浮かぶ一羽のカモメだけだ。そして、光。光は、数千キロのかなたからやってきて、あらゆるものを消滅させる静けさにたたずむ家々の屋根の上を、通り過ぎていくように感じられる。(241)**

　"There are only ..." と始まる文は、「〜があるだけだ」という形ではなく、原文の語順を忠実になぞれるように、「あるのはただ〜」という形で訳されています。その直前に、「ない」が続けて繰り返される流れから、今度は「ある」ものに描写が移行していくことになる文章の流れですから、その切り替えを文頭で示すことで、描写されるイメージの鮮やかさがさらに際立つものになっています。
　そして何より、ドーア作品における「光」の描写の重要性を見抜いたうえで、岩本訳はその点をさりげなく、しかしきっぱりと提示しています。"And the light, which ..." と続いていく１文をふたつに分けることで、「光」が二度繰り返されるからです。人間の作った家、そこに絡みつくツタや、上空を通っていくカモメという自然界、そして、そのさらに外から到来して去っていく光。こうして、人間の住まう領域とは、果てしなく広がっていく世界のごく一部にすぎないのだということを、そっと教えてくれるのです。

アレクサンダル・ヘモンの『ノーホエア・マン』では、また違った翻訳者の側面が顔を出します。物語の冒頭、ヨーゼフ・プローネクがシカゴでベッドに横になっている様子は、こう描かれています。

But I was awake, listening to the mizzle in my pillow, to the furniture furtively sagging, to the house creaking under the wind assaults. I straightened my legs, so the blanket ebbed and my right foot rose out of the sludge of darkness like a squat, extinguished lighthouse. The blinds gibbered for a moment, commenting on my performance, then settled in silence.

ヘモンの英語の特徴は、英語を母語とする話者からすればやや奇妙に見える比喩や単語の並べ方にあります。毛布から突き出した足が灯台に喩えられるのは、その典型だといえるでしょう。あるいは、プローネクが生活や言葉を誰とも共有できずにいるという孤独が、話しかけてはくるが冷たい態度のブラインドによって、さらに際立たせられています。

だが、私は目覚めており、枕のなかの霧雨に、ひそかにたわむ家具に、風に襲われてきしむ家に耳をそばだてていた。足を伸ばすと毛布の潮が引き、右足が暗闇の泥からつきだして、あかりの消えた灯台のように重くそびえた。ふとブラインドが鳴り、私の演技を批評すると、ふたたび押し黙った。

ドーアとは異なる、ヘモン独特の英語の文体を、岩本訳はあまりにほぐしてしまうことなく、"comment"を「批評」とするといった、あくまでさりげない形で保持しています。さらに、文末の「た」が繰り返されることで、あまり流麗にならず、やや硬質な文体の印象を生み出すことにも成功しています。それにより、言葉のなかの異物感は日本語にも無事にたどり着くことができているのです。

「声」を流暢に響かせる翻訳、そして文体の特異さを保持する翻訳。その

ふたつの面は、この先も日本語の翻訳者にとって見習うべき規範となるでしょう。今世紀のアメリカ文学の流れも合わせて、岩本正恵さんの遺された訳業をどう受け継いでいくのか。その問いは、どこまでも実りある対話の始まりでもあります。

■ 4. 「共」を引き継いで——セス・フリード＆カニシュク・タルール

　ドーアの「声」とはまったく違いますが、セス・フリードの作風もまた、無国籍に移動するフィクション世界という意味で、ドーアと並んでグローバル時代のアメリカ文学の典型になっています。2011 年のデビュー短編集『大いなる不満』（*The Great Frustration*）で、フリードが描き出す世界は、科学研究者たちのラボから中世の修道院、顕微鏡で観察するほかない微小生物の世界まで多岐にわたっています。それを貫いている主題は、人間が「個」としての主観を発達させたがゆえに、それぞれの「個」が認識する世界が決定的に食い違ってしまったり、世界そのものとの不調和に陥ったりするという、哲学的ともいえる発想です。

　アメリカ作家であれば、「個」にアメリカ人としての自己、「世界」にアメリカ社会を持ってくる発想になりがちなところを、フリードはあくまで「人間」の条件として提示することにこだわります（とはいえ、その「人間」像が普遍的なものかどうかは、しっかり批判的に吟味する必要がありますが）。それを可能にしたのが、科学者に似た視点から、登場人物たちを観察するように語るという文体でした。

　科学の論文や概説などには、書き手や読み手の文化的慣習を超えた次元で必要な情報を伝えるという、国境を越えた科学コミュニティで共有された「型」があります。フリードの抱えた人間への視線は、そのような無国籍の型を取り入れることで、一気にさまざまな形で花開くことになります。

　それが最良の形で表現された短編集最後の作品「微小生物集」（"Animalcula"）は、架空の微小生物を 14 種類紹介する掌編を集めた短編です。その冒頭を飾るのが、観察する研究者たちがそろって恋に落ちてしまうという微生物「ドーソン」の紹介です。

III 岩本正恵さんとの、後からの対話

Attempting to word the situation as delicately as possible: the dawson is beautiful in the way that one person might be beautiful to another. Though it is only a small, amorphous creature, its movements are charming and somehow endearing. At times, its movements are—for lack of a more nuanced term—sexy. In the same way that the chance sight of a young woman's ponytail bobbing in the distance, the shape of that movement, might suddenly fill a person with an inexplicable sense of longing—in the same way that the sight of a young man pushing his sleeves up and over his forearms might awaken in another person unimagined desires, so will the dawson fascinate those that observes it.

　もちろん、研究者はドーソンを観察するほかなく、当のドーソンは観察者の感情にはお構いなしなのですから、研究者の恋心はどこまでいっても一方通行のものでしかありません。研究者がドーソンという外界の一部に対して抱く主観は、外界そのものには届きようがないのです。

　このような文体を尊重して、翻訳を進めていくなら、必然的に日本語の文章は「である」調になります。同時に、「型」に沿って並べられた情報の順序をあまり崩すことのないように、原文の語順を守ることもなるだけ優先するべきでしょう。

　特に悩ましいのは、ダッシュ記号「——」が使われている箇所です。日本語の文章でダッシュを使うと、やや読みづらい印象を与えてしまいますが、今回のフリードの文章の場合、「——」でいったん間合いを作り、その直後にひと言だけ置かれる "sexy" という単語がオチになっています。英語では、文章最後に置かれる単語がオチになるユーモアの形がよく見られますが、ここでは疑似科学の文章を利用して、文末の単語にいきなり主観的表現を使用することにより、「微生物の動き方がセクシーっていったいどういうことだ」というツッコミを誘っている形が作られています。英語と日本語では文の構造が違うとはいえ、ここではこの形をなるだけ保持する

べく、ほぼ同じ形を採用するほうがいいでしょう。

　その状況をなるだけ細やかに言葉にするならば、次のようなものにな
る。人が人を見て美しいと感じるように、ドーソンは美しいのである。
小さく、無定形の生物にすぎないが、その動きには愛嬌があり、どこ
か愛らしくもある。ときには、その動きは——より微細な濃淡を表す言
葉がないのでこう言わせてもらえれば——セクシーである。たまたま
目に入った、若い女性のポニーテールが遠くで揺れるその動きが、と
きとして人の心を突然の不可解な渇望感で満たすのと同じく、また若
い男性が袖をまくり上げていって前腕をあらわにする姿が、理解でき
ない欲望を誰かに呼び起こすのと同じく、ドーソンはそれを観察する
者を魅了する。

　振り返ってみれば、"the shape of that movement" を訳しきれず、「そ
の動き」と逃げている点については猛省するほかありません。とはいえ、
こうして幕を開けた微小生物たちの記述は、食物にかけると美味しいバス
トロム、寿命が１億分の４秒という短命生物のケッセル、音に反応して膨
らむソニタムなど、実に多彩な方向に拡散していくようでいながら、常に
「人間」の欲望に潜む矛盾を暴き続けていきます。こうして、フリードは読
者に問いかけてきます。英語の読者であれ日本語訳の読者であれ、そこで
描かれる人の性には身に覚えがあるはずだ。それと向き合って笑う覚悟は
できているか？と。
　グローバルな読み手を想定したうえで、あえてそこから遠く隔たった舞
台で物語を語ろうとする作家。その論理を体現するもうひとりの作家が、
インド系作家のカニシュク・タルール（Kanishk Tharoor）です。2016
年に彼が発表したデビュー短編集『星空を泳ぐ者』（*Swimmer Among the
Stars*, 未訳）のなかに収められた「イスカンダルの鏡」（"The Mirrors of
Iskandar"）が、おそらくは最良の作品でしょう。古代世界を征服すること
に心血を注いだアレクサンドロス大王の伝説を取り上げ、東南アジアから
スコットランドまで伝播するなかでさまざまに変形した逸話から「イスカ

ンダル」としてムガル帝国の細密画に描かれたエピソードを掌編の数々として現代によみがえらせた物語です。そうして国境も文化も言語も越えて広がった逸話集を「グローバル文学以前のグローバル文学」と呼ぶタルールの構想は、現代的な感性をはるか古代の物語に投入しようとするものです。たとえば、イスカンダルがセイロン島を訪れたときのエピソードは、次のように語られています。

In Ceylon, the local king suggested Iskandar visit the tomb of Adam. Iskandar went with his entourage and delivered offerings to the tomb's Indian guardians. The Indians told him to climb to the top of the nearby mountain. There was a great wonder at its peak. When he was cast onto earth, Adam landed on the mountain and left an indelible mark. Iskandar lay down in the giant footprint of Adam, fully the length of a grown man.

Adam arrived here. One of the Indians explained. Eve fell near Mecca, Satan in Qum, and the serpent in Esfahan. That makes sense, Iskandar said, Esfahan is full of temptations, but Qum is a pretty wretched place. The Indians guide carried on. Adam was so miserable that he spent years weeping on the mountain, and from his tears all these bitter plants and weeds grew. He pointed to the vegetation on one slope, thick with brambles and leaves laced purple. But then, as it is written in the Quran, God forgave Adam and accepted him into His love, and for years Adam wept tears of joy for being allowed back into the fold . . . from these tears sprung fragrant and wholesome plants. He showed Iskandar the other side of the mountain, which was stripped bare save for the occasional bright green bush. Seems pretty barren to me, the conqueror said. The Indian smiled apologetically. That's the side we harvest for tea.

大軍を引き連れての軍事行動ではなく、ただの物見遊山を楽しむイスカンダルの姿がそこにはあります。セイロン島で茶葉の栽培が行われるのはイギリスによる統治下からですから、アレクサンドロスの時代に茶葉があるはずはないのですが、その点も意図的なアナクロニズムだと言っていいでしょう。

ここでのイスカンダルは、現代人の象徴として登場させられています。故郷マケドニアには戻ることなく、西はイベリア半島（女王によってあえなく撃退されます）から東は中国（「ハーン」と文明の優劣を競う熾烈なコンテストを開催します）までさまよい続けるこの王は、よりよい土地を探して移動し続ける 21 世紀の移民（あるいは観光客）の肖像でもあるのです。

セイロンでは、その地の王がイスカンダルにアダムの墓を訪ねるよう勧めた。イスカンダルはお付きの者を従えてその墓に出向き、インド人の墓守たちにお供え物を手渡した。墓守のインド人はイスカンダルに近くの山の頂きに登るように言った。その山の頂上には実に驚くべきものがあるというのだ。アダムが地上に追放されたとき、その山に降り立ち、消えることのない痕跡を残した。イスカンダルは優に成人男性の身長はあろうかというアダムの巨大な足跡の上に横たわった。「アダムはここにやって来ました」。ひとりのインド人が説明した。「イヴはメッカ付近に、悪魔はコムに、そして蛇はイスファファーンに落ちました」。「どうりで」とイスカンダルは言った。「イスファファーンは誘惑に満ちているから。そしてコムはなんともみすぼらしい場所だしな」。インド人は続けた。「アダムは、悲しみのあまり山の上で何年も泣き暮らしました。彼の涙からこの苦葉の植物や雑草が育ったのです」。彼は山の斜面にある植物を指差した。キイチゴが茂り、葉っぱには紫色が混じっていた。「でもそれから、コーランにあるように、神はアダムを許し、神の愛の下にアダムを受け入れたのです。アダムはというと、信仰に再び戻ることを許された喜びで何年もの間涙したのです。…この涙からは、かぐわしい、生き生きとした植物が生えてきました」。インド人は、イスカンダルに山の別の方を見せた。そこは青々

21世紀のアメリカ小説をめぐって

185

とした茂みがポツポツと点在する以外ははげ山だった。「何も生えていないようだが」征服者は言った。インド人は申し訳なさそうな笑みを浮かべた。「ここでお茶栽培しているのです」。

（大工原彩さん訳）

　古代の王を中心にしたやりとりとはいえ、「余は〜」「陛下におかれましては〜」といった口調にしてしまうと、この物語が現代的な主題を投影されていることが見えづらくなってしまいます。上の訳は、王の口調も少し現代風に近づけることで、観光客を現地のツアーガイドが案内するような空気感をうまく作り出しています。

　こうして、古代世界を駆け巡った王は、理解しがたい妄念に取り憑かれた権力者としてではなく、「わたしたち」の分身として姿を現してきます。また次の土地に行ってみたい、世界の隅々まで自分の目で見てみたい、と次の移動あるいは旅行の計画を練る旅人として。

■5.　断絶を引き受けて──ダニエル・アラルコン＆オテッサ・モシュフェグ

　科学者であれ難民であれ、古代の王であれ、自分ではない誰かについて語る。作家はひたすらそれに打ち込んでいると言ってもいいかもしれません。だが、そこで「語る者」と「語られる者」とのあいだには何が起きているのでしょうか。その問いは少し横滑りして、共感する者とされる者の関係、さらには読み手と物語の主人公との関係にもつながっていきます。誰かの行動や人生が語られ、読まれるとき、それは対等な関係だと考えていいのでしょうか。

　そういった問題に、ダニエル・アラルコンは鋭く切り込んでいきます。ペルーに生まれ、3歳のときに両親とともにアラバマ州に移住したアラルコンにとって、ペルーについて語ろうとすれば、アメリカ合衆国にいて英語で書くみずからと、ペルーでのスペイン語を圧倒的多数とする日常とのあいだの隔たりを意識せざるをえないからです。

　ペルーの「ありのまま」など語れるはずがない、という態度を、ジャー

ナリストとしての顔も持つアラルコンは貫いているといえるかもしれません。デビュー長編となった『ロスト・シティ・レディオ』において、国内の紛争に揺れる 1980 年代のペルーを題材にしながらも、国の名前も首都の名前も一切書かず、ペルーの首都リマの地区の境界線からバス路線まで新たに書き換えた架空の国家を舞台に選んでいます。アメリカ合衆国に生きるみずからとペルーの「あいだ」の土地、と言い換えることもできます。自分が描くことができるのはその「あいだ」だけなのだ、と。

　第 2 長編『夜、僕らは輪になって歩く』（*At Night We Walk in Circles*, 2013）は、同じく架空の国家で、内戦終結からしばらく経過した 2000 年ごろの人間模様を描いています。内戦下で活動した伝説の演劇集団「ディシエンブレ」が再結成されることになり、新たに加入した若者ネルソンは、山岳地帯を公演して回るなかで、ふとした偶然から、転げ落ちるようにして運命が暗転していきます。そして、後になってそれを知ったジャーナリストの「僕」は、彼が何を見て、何を考えたのか、取材しながら再構成しようと試みていくのです。そして、ラストの場面では（ネタバレ気味ですみませんが）ついに「僕」とネルソンの対面が実現します。ですが、それは「僕」が思い描いていたのとはかなり違う展開になっていきます。

But he pulled the recorder away from me. It was a quick gesture, very slight. "I'll hold it," he said.

　　"I just . . ."

　　"You're fine."

　 I could feel myself turning red. I understood what was happening.

　　"You're robbing me?"

　Nelson gave me a disappointed look. "Is that what you think?"

　　"Well, I . . ."

　　"Let's just be clear who's been robbing whom." (371)

ジャーナリストの「僕」が持ってきたレコーダーを、ネルソンは自分の

ものにして渡すまいとします。そこで、自分が取材していることが、ネル
ソンにとってはみずからの物語を収奪することになるのだという現実を、
「僕」は突きつけられるのです。一方的にネルソンに思い入れを募らせてい
く語り手と、みずからは何ひとつ語ることを許されないネルソン。そのあ
いだにはっきりと横たわる断絶を、物語は受け入れねばなりません。そこ
には安易な共感や対等な関係があると想定してしまうと、善意のつもりが
実は収奪を生んでいるという現状に目をつぶることになってしまいます。

　ネルソンのことを自分の分身のように感じている語り手と、ネルソンと
の埋められない溝がはっきりするこの場面では、ふたりの口調を少し違う
ものにする必要があります。小説の最初では夢見がちな若者として登場し
たネルソンを、物語の前半からあまりに大きく口調を変えずに、なおかつ
心を閉ざしかけた人物にしておくことで、彼の変化と、「僕」とのすれ違い
を見せることができます。

　加えて、"rob" という単語には「盗む」という訳語もありえますが、小
説全体として、物語るという行為が抱えた収奪あるいは簒奪という可能性
が探求されているからには「奪う」というほうが、主題とより明確に響き
あう表現になるでしょう。

　　だが、彼はレコーダーを僕から遠ざけた。素早く、いかにもさりげ
　ない仕草だった。「これは僕が持っておく」と彼は言った。
　「僕はただ……」
　「君は平気さ」
　　自分の顔が赤らむのが分かった。どういうことなのか、僕はようや
　くのみ込んだ。
　「僕から奪うつもりですか？」
　　ネルソンは失望の目を僕に向けた。「そう思うのか？」
　「その、僕は……」
　「誰が奪ってきたのか、誰が奪われてきたのか、ここではっきりさせて
　おこうじゃないか」

最後の文を、僕は最初「誰が誰から盗んできたのか、ここではっきりさせておこうじゃないか」と訳して脱稿しました。その後、ゲラのやりとりをしているときに、編集者の方から、「主題が凝縮されている箇所でもあるので、ここをあっさり読み流されないようにしたい」と指摘を受け、少し反省して、「奪う」の主体と客体を少し分け、反復に近い形で読み手の頭にしっかり刻み込まれるような訳を選びました。翻訳においては、翻訳者だけでなく編集者の力が絶対に必要だということを実感した箇所でもあります。

　オテッサ・モシュフェグ（Ottessa Moshfegh）はデビュー作となる長編小説『アイリーンはもういない』（*Eileen*, 2015）が翻訳されています。周囲との不調和というにとどまらず、世界そのものに対する根本的な違和感を抱え込んだ登場人物を描かせれば、この人の右に出る現代作家はなかなか見つかりません。ここにも、安易な共感を一切寄せ付けずに物語を作ろうとする強靭な作家の意思があります。

　モシュフェグの短編集『別世界にホームシック』（*Homesick for Another World*, 2017, 未訳）の最後を飾るのは、まさにそんな世界観が全開になった1編「もっといいところ」（"A Better Place"）です。舞台となる小さな町がどの国なのかは明らかにされませんが、語り手を務める小学生の少女ウルシュラや、その他の登場人物の名前から、東欧、おそらくはポーランドだろうと推察されます。

　その少女ウルシュラは、世界への違和感が高じて嫌悪感にまで発展し、そもそもこの世界は自分がいるべき場所ではない、とまで断言するところまで来ています。そして、双子の弟ヴァルデマールとの会話をきっかけに、この世界から脱出するためには「正しい誰かを殺さねばならない」と考えるようになっていきます。

I come from some other place. It's not like a real place on Earth
or something I could point to on a map if I even had a map of this
other place, which I don't. There's no map because the place isn't

a place like something to be near or in or at. It's not somewhere or anywhere, but it's not nowhere either. There is no *where* about it. I don't know what it is. But it certainly isn't this place, here on Earth, with all you silly people.

　周囲との共感など切って捨ててしまう主人公は、徹底して突き放した態度を崩しません。となると、語り手の一人称は「わたし」よりも「私」でしょうか。とはいえ、使われている単語は平易なものばかりが並んでいて、語り手の幼さをにじませてもいます。それを再現するなら、「私」とあわせて、口調は「じゃない」や「〜だし」といった、ややくだけたものを使用するという形がありえます。

　その一方で、なかなか手ごわい表現には事欠きません。まず途方に暮れるのは、"the place isn't a place like something to be near or in or at." という箇所、とくに後半でしょう。"near" と "in" と "at" という前置詞のニュアンスを使いわける、というのが、翻訳者に発せられた要求です。そんな無茶な、と言いたくなります。

　とはいえ、山があれば登りたくなる登山者のように、文章があれば訳したくなるのが翻訳者の常でもあります。その習性に従って挑戦するならば、"near" はある場所に近づく、"in" はすでにその場所の内側にいる、"at" はちょうどその場所の境界線に到着する、という使い分けではなかろうか、と思われます。「そこに〜いる」を基本として反復しつつ、そのニュアンスを日本語がおかしくならない程度に少しだけ説明的に訳してみました。その反復があまりくどくならないように、"place" が原文では二度繰り返されている点については一度だけの訳出にとどめてみて……あたりが精一杯でしょうか。

　その次の関門に、"There is no *where* about it." の１文があります。直前の "somewhere" と "anywhere" と "nowhere" のすべてをひっくるめて、"where" というふうに考えるのはそもそも筋違いなのだ、と断言してしまう表現です。したがって、日本語訳でも "somewhere" と "anywhere" と "nowhere" の３つにすべて共通の部分（語り口から考え

ればひらがな）ができるように訳をつけ、それを次の"where"で引き受ける、という形にするのがよさそうです。

　私はどこか別のところで生まれた。地球にある実在の場所とか、地図があればここだと示せるようなところじゃない。地図なんて持っていないし。地図がないのは、そこの近くにいるとか、そこに入るとか、そこにたどり着くとかいう場所じゃないからだ。どこかにあるというわけでも、どこでもいいというわけでもないけど、どこにもないわけじゃない。そもそも「どこ」という話が当てはまらない。それが何なのかはわからない。でも、どう見ても、この地球じゃない。あんたたちみたいなバカだらけのここじゃない。

　この少女にとって、母親は自分の母ではなく、ただ一緒に暮らしている「女」（the woman）でしかありません。そもそも、この世界に対して何ら思い入れはない。「正しい誰か」を殺しさえすればトンネルが開き、自分が本来いるべき「もっといいところ」に帰還できる。そう思い込んだウルシュラは、ヤレック・ヤスコルカという同じ町に暮らす初老の男性に毒を持って包丁で殺すべく、準備にいそしむことになります。

■6.　共感と断絶のあいだで——ジェン・シルヴァーマン

　物理的、あるいはバーチャルな世界で大きな移動を経験しつつ、他者との共感やつながりを求める人々や、自分が置かれた場所で他者からの共感を拒絶する人々。21世紀は、グローバル化の進行のなかでその両極を揺れ動く時代なのかもしれません。

　そのなかに、外国から東京を訪れて一時的に滞在する人々の姿もあります。アメリカの劇作家ジェン・シルヴァーマン（Jen Silverman）が2018年に発表した短編集『島に住む人々』（*The Island Dwellers,* 未訳）は、収録作の半分はアメリカに、もう半分は日本に設定され、ジェンダーや人種のテーマと「芸術」が絡み合った悲劇と喜劇が混ざり合う形で構成されて

います。

「ぶどうのマリア」（"Maria of the Grapes"）という短編は、ニューヨークから東京にやってきて英会話教師として生活するマリアが、ふとしたきっかけでアンカシュというメキシコ系の男性と出会うところからスタートします。礼儀正しく他人と距離を保つ一方でどこか危うげでもあるアンカシュに好意を抱くマリアですが、アンカシュはゲイ男性だと公言しているので、ロマンスという面ではふたりの距離はそうは縮まりません。

　友達づきあいを続けるうちに、マリアは、アンカシュが働いているバーの店主の息子であるルーマニア人の青年に言い寄ったとして、店主と店のスタッフから殴る蹴るの暴行を受けているところに遭遇します。カッとなったマリアが店主に殴りかかり、殴り返され、という騒動を経て、マリアとアンカシュは電車に飛び乗ります。

We jumped onto a JR train without checking to see where it was going. It was packed with businessmen and club kids, and while we got some glances, nobody bothered us despite the fact that we were both bleeding. We got off a few stops later at Shinjuku Station and went into the same restroom to clean up. A man who had been washing his hands at the sink glanced at the two of us and left in a hurry. When I looked in the mirror it struck me how similar we were in that moment: flushed, mouths red, eyes glittering.

"That was crazy," I breathed, mopping blood off my face with a paper towel while Ancash examined his ribs gingerly. "I've never done that before."

Ancash flashed me a look. "You're wild," he said, and even he seemed surprised.

"Never seen a girl fight before?" His ribs were already purpling over, and you could see little starburst-ridges of color from someone's knuckles.

Ancash shook his head and met my eyes in the mirror. "Never seen anyone fight for me before," he said. We were both quiet. I had no idea what he was thinking.

鼻血が出ているふたりが飛び乗ったJRの電車。そこに居合わせたほかの乗客の多くは日本人だろうと思われます。ただし、ふたりは誰からも声をかけられることはありません。外国人であるふたりと、周囲の人々とのあいだに、共感は成立しないままです。

私たちは行き先も確かめずにJR線の電車に飛び乗った。車内は会社員と若者たちでいっぱいだった。ちらちらと視線を感じることはあったけれど、ふたりとも血を流しているのに誰からも声を掛けられることはなかった。シンジュク駅から何駅か先で降りて、汚れを落とすために同じ御手洗いに入った。手を洗っていた男は、ちらりと見るなり慌てて外に出て行った。鏡を覗きこむと、そこに映る私たちは驚くほどそっくりだった。火照った頬、赤い口元、ぎらついた目。

「すごいことしちゃった」顔についた血をペーパータオルで拭きながら、私はつぶやいた。アンカシュはあばらのあたりを念入りに点検しているところだった。「あんなことはじめてした」

アンカシュがさっと顔を上げた。「ぶっ飛んでるね」そう言った彼でさえ、驚いているようだった。

「けんかする女ははじめて？」彼のわき腹はすでにあざだらけで、殴られたところに内出血の紫色がじわじわと広がっているのがわかった。

アンカシュは首を振って鏡越しに私の目を見た。「ぼくのためにけんかしてくれた人ははじめてだ」と彼は言った。ふたりとも黙っていた。彼がなにを考えているのかわからなかった。

（恵愛由さん訳）

正面からじっと見ることは避け、積極的に関わろうとはしてこない周囲の日本人たちの様子は、英文中では "glance" が二度繰り返される形で表

現されています。一度目は "glances" と名詞で、二度目は "glanced" と動詞ですが、この単語の選択は意図的なので訳の表現も揃えたいところです。上の訳文は、その点を「ちらちらと」と「ちらりと」として、うまく共通の要素を持たせることに成功しています。そして、そうしたよそよそしさを体感する舞台は「新宿駅」ではなく「シンジュク駅」という、あくまで異邦の地であるべきなのだ、と改めて気づかせてくれます。

　周囲から孤立してしまったふたりのあいだに、何らかの共感が生まれた。この場面でのマリアはそう感じています。そろって出血している姿は「驚くほどそっくり」ですし、アンカシュは「ぼくのためにけんかしてくれた人ははじめてだ」と言うのですから。でも、そこで何らかの共感が生じたとしても、この場面の最後で、アンカシュが何を思っているのか、マリアには分からないままです。どれほど近づいても、一瞬しか重なり合うことはないふたりのドラマは、その後も共感と断絶のあいだを行き来しつつ続いていきます。その揺らぐ場所が、マリアとアンカシュの居場所なのです。

　見知らぬ他者の物語であっても、そのどこかに自分と通じるものがあると信じて、共感を追求しようとする小説が次々に生まれる一方で、それとはまったく逆に、安易な共感をシャットアウトすることで初めて居場所を見出せる人々を描く小説も、今世紀のアメリカ文学は生み出しています。そのどちらも、読み手を新しい場所に案内するのには欠かせない、自転車の前輪と後輪のようなものです。それがそろって初めて、21 世紀の物語という実りある土地を探索できるのだとも言えるでしょう。自分の翻訳している物語は何を見せ、何を見せないのか。それを絶えず問いかけていくことも、翻訳者にとっては重要な営みなのです。

出典一覧
Acknowledgments

p. 12 Excerpt from *What the Cat Said from REFUND: STORIES* by Karen E. Bender. Copyright © 2015 by Karen E. Bender. Reprinted by permission of Counterpoint Press.

p. 23-24 Excerpt from *Eyewall* from *FLORIDA* by Lauren Groff. Copyright © 2018 by Lauren Groff. Reprinted by arrangement with The Clegg Agency, USA through Tuttle-Mori Agency, Inc., Tokyo.

p. 36 Excerpt from *Three Scenarios in Which Hana Sasaki Grows a Tail* from *THREE SCENARIOS IN WHICH HANA SASAKI GROWS A TAIL* by Kelly Luce. Copyright © 2013 by Kelly Luce.

p. 51-52 Excerpt from *The Living* from *SPEED DREAMING* by Nicole Haroutunian reprinted under a licensing arrangement originating with Amazon Publishing, www.apub.com. Copyright © 2015 by Nicole Haroutunian.

p. 68-69 Excerpt from *Couple of Lovers on a Red Background* from *MUSIC FOR WARTIME* by Rebecca Makkai. Copyright © 2015 by Rebecca Makkai. By permission of the Marsh Agency, on behalf of Rebecca Makkai.

p. 87-88 Excerpt from *When the Heroes Came to Town* from *I WILL LOVE YOU FOR THE REST OF MY LIFE: BREAKUP STORIES* by Michael Czyzniejewski. Originally published by Curbside Splendor. Copyright © 2015 by Michael Czyzniejewski.

p. 100-101 Excerpt from *War Stories* from *WHAT IT MEANS WHEN A MAN FALLS FROM THE SKY* by Lesley Nneka Arimah. Copyright © 2017 by Lesley Nneka Arimah. Reprinted by arrangement with Georges Borchardt Inc.

p. 121-122 Excerpt from *The Deep* from *MEMORY WALL* by Anthony Doerr. Copyright © 2011 by Anthony Doerr. Reprinted by permission of ICM Partners.

p. 141-142 Excerpt from *Concerto for a Corpse* from *INHERITED DISORDERS* by Adam Ehrlich Sachs. Copyright © 2016 by Adam Sachs. Reprinted by permission of ICM Partners.

p. 157-158 Excerpt from *Legacy* from *GUTSHOT* by Amelia Gray. Copyright © 2015 by Amelia Gray. Reprinted by arrangement with Farrar, Straus and Giroux, a division of Macmillan Publishers. Japanese reprint arranged with William Morris Endeavor Entertainment LLC.

p. 184 Excerpt from *Mirrors of Iskandar* from *SWIMMER AMONG THE STARS* by Kanishk Tharoor. Copyright © 2017 by Kanishk Tharoor. Reprinted by arrangement with Farrar, Straus and Giroux, a division of Macmillan Publishers.

p. 192-193 Excerpt from *Maria of the Grapes* from *THE ISLAND DWELLERS* by Jen Silverman. Copyright © 2018 by Jen Silverman. Used by permission of Janklow & Nesbit Associates through Japan UNI Agency, Inc., Tokyo.

著者紹介

藤井 光（ふじい ひかる）

同志社大学文学部英文学科教授、翻訳家。北海道大学文学部言語・文学コース卒業。卒論はポール・オースター。2007 年同大学院文学研究科言語文学専攻博士課程修了。「彷徨への地図 現代アメリカ文学における自己形成と生成変化」で博士（文学）。著書に、『ターミナルから荒れ地へ 「アメリカ」なき時代のアメリカ文学』（中央公論新社）、訳書に、ウェルズ・タワー『奪い尽くされ、焼き尽くされ』、テア・オブレヒト『タイガーズ・ワイフ』（第 10 回 ［2013 年］本屋大賞翻訳小説部門第 1 位）、アンソニー・ドーア『すべての見えない光』（第 7 回 ［2016 年］Twitter 文学賞海外部門第 1 位）、セス・フリード『大いなる不満』、ダニエル・アラルコン『ロスト・シティ・レディオ』『夜、僕らは輪になって歩く』(以上、新潮クレスト・ブックス)、デニス・ジョンソン『海の乙女の惜しみなさ』『煙の樹』、ラウィ・ハージ『デニーロ・ゲーム』、ロン・カリー・ジュニア『神は死んだ』、ポール・ユーン『かつては岸』、マヌエル・ゴンザレス『ミニチュアの妻』（以上、白水社 エクス・リブリス）、サルバドール・プラセンシア『紙の民』（白水社）、ロレンス・ダレル『アヴィニョン五重奏』全 5 巻（河出書房新社）など。

21世紀×アメリカ小説×翻訳演習

● 2019 年 5 月 31 日　初版発行 ●

● 著者 ●

藤井　光
（ふじい　ひかる）

Copyright © 2019 by Hikaru Fujii

発行者　●　吉田尚志
発行所　●　株式会社　研究社
〒 102-8152　東京都千代田区富士見 2-11-3
電話　営業 03-3288-7777（代）　編集 03-3288-7711（代）
振替　00150-9-26710
http://www.kenkyusha.co.jp/

KENKYUSHA

装丁　●　久保和正
組版・レイアウト　●　古正佳緒里
編集協力　●　高見沢紀子
印刷所　●　研究社印刷株式会社

ISBN 978-4-327-45290-2　C1082　Printed in Japan

本書のコピー、スキャン、デジタル化等の無断複製は、著作権法上での例外を除き、禁じられています。
また、私的使用以外のいかなる電子的複製行為も一切認められていません。落丁本、乱丁本はお取り替え致します。
ただし、古書店で購入したものについてはお取り替えできません。